신사임당 사자성어
200
초등학생용

KB198449

신사임당 사자성어 200

발행일 | 2024년 11월 11일 제1판 1쇄 발행

엮은이 | 전광진

발행인 | 이숙자

교정인 | 정소나

디자인 | design54

인쇄사 | 신도인쇄사

발행처 | (주)속뜻사전교육출판사

등   록 | 263-86-02753

소재지 | 경기도 하남시 덕풍북로 110, 103-F/R101

　　　　Tel (031) 794-2096

　　　　Fax (031) 793-2096

　　　　www.LBHedu.com

　　　　lbhedu@lbhedu.com

ISBN 978-89-93858-51-8

잘못 만들어진 책은 바꾸어 드립니다.

이 책은 저작권법의 보호를 받고 있으므로 무단 복사, 복제 또는 전재를 금합니다.

값 5,000원

차례

머리말

사임당 신씨(師任堂申氏, 1504~1551)는 조선 시대 중기의 문인이자 화가, 작가, 시인입니다. 우리나라 최고액권인 5만원권에 영정이 실려 있는 위대한 인물입니다. 태교에서부터 자녀 교육에 각별한 정성을 기울여 아들 주나라 주 문왕을 훌륭하게 키운 어머니, 태임(太任)을 스승[師]으로 삼겠다는 뜻에서 '사임'(師任)이란 아호를 정했다고 합니다. 이토록 자녀 교육에 심혈을 기울인 결과, 아들 이율곡(1536-1584)이 조선 중기 최고의 학자가 되었답니다. 자녀 교육 성공을 소망하는 '현대판 신사임당'이 많습니다. 그분들의 교육 열망을 담았기에 감히 '신사임당'이란 네 글자를 이 책의 제목에 넣었습니다.

한글은 읽기를 잘하게 하고, 한자는 생각을 잘하게 합니다. 한자 공부는 낱낱 한자를 하나씩 익혀가는 것이 아니라, 네 글자로 짜인 단어(四字成語)를 익히는 것이 가장 효과적이라는 사실은 우리 조상님들께서 이미 모범을 보여 주었습니다. 그것이 바로 〈천자문〉입니다. '천지현황(天地玄黃)'은 예전의 사자성어입니다. 지금은 자주 쓰이지 않습니다. 그래서 '십중팔구(十中八九)'로 시작하는 이 책을 엮었습니다.

요즘도 많이 애용하는 사자성어 200개를 초등학교 졸업 전에 차근차근 익혀 두면 중·고등학교는 물론 대학 공부까지 튼튼한 학업 기반이 될 것입니다. 한자도 알아야 '이율곡' 같은 훌륭한 인물이 될 수 있습니다. 한글만 아는 학생과 한자도 아는 학생은, 생각의 깊이가 다르고 성공의 높이가 다릅니다. 우리나라 꿈나무들의 대성(大成)을 빕니다.

2024년 10월

엮은이 **전광진** 〈속뜻풀이 초등국어사전〉, 〈선생님 한자책〉 저자
성균관대 문과대학 학장 역임, 현 명예교수.

일러두기

(1) 초등학교 재량학습, 늘봄학습, 자율학습에서 한자 교육이 효과적으로 이루어질 수 있도록 기획, 제작하였습니다. 학생들이 자율적으로 학습하고, 선생님께서는 감독·격려만 하면 됩니다. 한자 학습이 가장 간단하면서도 가장 효과적으로 이루어지도록 하였습니다.

(2) 200개 사자성어는 한국어문회가 선정한 것(8급 - 3급)을 급수 순으로 배열한 것입니다. 十자 뒤에 작게 80이라고 쓴 것은 8급을 가리킵니다. 참고로 표기한 것이니, 읽지 않고 지나가도 됩니다.

(3) 사자성어 한자 뒤에 나오는 '아홉 구, 가운데 중…' 이런 훈음(訓音)은 대단히 중요합니다. 외울 수 있을 정도로 여러 번 읽으면 좋습니다.

(4) ❶ 속뜻은 자훈(字訓)을 바탕으로 속뜻을 풀이한 것입니다. 이 것이 다른 책에 없는 이 책의 가장 큰 특색입니다. ❷번 또는 ❸번 뜻의 바탕이 되

는 것으로, 왜 그런 뜻인지 그 이유를 알게 합니다. 이유를 알면 한자 공부가 재미있고 기억도 잘됩니다.

(5) ❷번 또는 ❸번의 뜻은 다른 책과 비슷합니다. 이것은 외울 필요도 없습니다. 한 번 읽어보고, 그 뒤에 예문을 이해하거나 작문할 때 도움이 됩니다.

(6) ❷번 또는 ❸번 뒤에 이따금 비슷한 말, 반대말 또는 준말이 나옵니다. 이것은 한 번 읽어보는 것으로 충분합니다.

(7) 【예문】은 대단히 중요합니다. 사자성어를 넣어 문장을 만든 것입니다.
❷번 또는 ❸번 뜻을 참고하여 다른 문장을 지어 보면 좋습니다.
새로운 한자어를 익혔을 때 그것을 넣어서 짧은 글을 지으면 한자어 어휘 학습이 완성되고 비로소 그 단어가 자기 것이 됩니다.

(8) 네모 칸 안에 희미하게 쓰여 있는 한자는 따라 써보기 바랍니다. 한자는 필순을 알아야 잘 쓸 수 있습니다. 모든 한자의 필순을 다 알 수는 없습니다. 일러두기 뒤편에 있는 〈한자 필순〉 5대 원칙만 이해하면 됩니다. 이 원칙에 따라 덧칠하듯이, 그리듯이 쓰다 보면 저절로 익혀 집니다.

(9) 이 책은 작고 얇지만 두꺼운 책보다 훨씬 더 알찬 부록이 있습니다. 부록 1 〈초등 사자성어 요약표〉을 매일 조금씩 줄줄 읽어보기만 해도 기억이 잘 됩니다. 부록 2 〈초등 사자성어 짝짓기〉 3종은 사자성어를 외울 때 효과적입니다. 특히 '끝말 짝짓기'와 '끝말잇기'는 여러 번 읽다 보면 저절로 외워집니다. 부록 3 〈초등 사자성어 색인〉은 사자성어를 찾아볼 때 편리합니다. 본문과 부록을 잘 활용하면, 이 작은 책이 어떤 한자 학습서보다 월등한 효과를 낼 수 있습니다.

(10) 중간중간 있는 그림문자(象形文字)는 삽화 대신 넣은 것입니다. 심심할 때 그려 보며 한자가 처음 만들어질 때 상황을 상상해보면 재미있습니다. 그림보다 글씨가 얼마나 더 편리한지를 느낄 수도 있습니다. 그러나 일부러 그렇게 할 필요는 없답니다.

(11) 선생님께서 제자에게, 학부모께서 자녀에게 한자와 한자어를 더 많이 더 확실하게 가르치고 싶으면 『선생님 한자책』을 참고하면 됩니다. 왕대밭 선생님과 학부모께서 제자와 자녀를 '왕대'로 키우고 싶을 때(참고, 신사임당과 아들 이율곡의 성공 사례) 도움이 되는 한자와 한자어에 관한 모든 것을 담은 책입니다. 이 책을 보면 누구나 한자 선생님이 될 수 있습니다.

한자 필순

한자를 멋있게 쓰자면 어떻게 해야 할까? 물론 많이 써보는 것이 최상의 방법이다. 그렇지만 무턱대고 많이 쓴다고 다 되는 것은 아니다. 수영을 잘하려면 물속에 많이 뛰어든다고 되는 것은 아니다. 헤엄을 잘 치려면 요령이 있어야 하듯이 한자를 잘 쓰자면 筆順(필순)에 익숙해야 한다.

한자의 필순은 점과 획을 어떤 순서로 쓰는지를 말하는 것인데, 전체적인 원칙은 '쓰기의 경제성'에 입각하여 자연스레 형성된 것이다. 어떻게 해야 빨리, 쉽게 그리고 자연스럽게 쓸 수 있을까? 이러한 측면에서 오랜 시간에 걸쳐 많은 사람들이 실제로 써오는 동안에 몇 가지 원칙이 발견됐다. 대체로 다음과 같은 5개 원칙으로 집약된다.

이 다섯 가지 원칙에 따른 순서를 거꾸로 해보면 어떨까? 그렇게 써보면 원칙에 어긋난 방법은 자연스럽지 못할 뿐만 아니라 매우 불편하고 시간도 많이 걸리는 것을 알게 될 것이다. 따라서 이상의 다섯 가지만 습득해 두면 필순 문제는 비교적 쉽게 해결된다. 물론, 획수가 많은 것 가운데는 일부의 예외가 있을 수도 있겠으나 그리 큰 문제가 되지 않는다. 모든 한자의 필순이 100% 확정되어 있는 것은 아니기 때문이다. 필순을 반드시 외워 둘 필요는 없다. '쉽고도 빠른' 경제성 원칙에 따라 자주 쓰다보면 저절로 익혀지게 마련이다.

필순을 지나치게 강조하는 것이 한자 공부를 짜증나게 할 수 있다. 한자 나고 필순 났지, 필순 나고 한자 난 것은 결코 아니다. 흐르는 물을 따라 내려가면서 헤엄을 배우면 얼마나 쉬운가! 하필이면 처음부터 냇물을 거슬러 올라가며 헤엄을 배울 필요가 있으랴! 앞에서 말한 다섯 가지 기본 원칙만 잘 알아두는 것만으로도 충분하다.

(1) 上下(상·하) 구조 글자는 위에서부터 아래로 쓴다. (예: 석 삼)

三 三 三

(2) 左右(좌·우) 구조 글자는 왼쪽에서부터 오른쪽으로 쓴다. (예: 수풀 림)

林 林 林 林 林 林 林

(3) 좌우 對稱形(대칭형) 글자는 가운데 획을 먼저 쓰고, 좌우를 나중에 쓴다 (예: 작을 소)

小 小 小

(4) 內外(내·외) 구조 글자는 바깥을 먼저 쓰고 안을 나중에 쓴다. (예: 넉 사)

四 四 四 四 四

(5) 글자 전체를 관통하는 세로 획은 맨 나중에 쓴다. (예: 가운데 중)

中 中 中 中

초등 사자성어 200
(8급~3급)

001 십중팔구 十中八九 열 십, 가운데 중, 여덟 팔, 아홉 구

① 속뜻 열[十] 가운데[中] 여덟[八]이나 아홉[九] 정도.
② 거의 대부분 또는 거의 틀림없음. **비** 十常八九(십상팔구).
【예문】우리 학교 팀이 십중팔구 이길 것 같다.

002 동문서답 東問西答 동녘 동, 물을 문, 서녘 서, 답할 답

① 속뜻 동(東)쪽이 어디냐고 묻는데[問] 서(西)쪽을 가리키며 대답(對答)함.
② 묻는말에 대하여 아주 엉뚱하게 대답함.
【예문】그는 엉뚱하게 동문서답하며 딴청을 피운다.

003 안심입명 安72 心70 立72 命70 편안할 안, 마음 심, 설 립, 목숨 명

❶ **속뜻** 마음[心]을 편안(便安)하게 하고 운명(運命)에 대한 믿음을 바로 세움[立].
❷ **불교** 자신의 불성(佛性)을 깨닫고 삶과 죽음을 초월함으로써 마음의 편안함을 얻음.
【예문】안심입명하며 성실하게 살아 살아왔다.

004 일일삼추 一80 日80 三80 秋70 한 일, 날 일, 석 삼, 가을 추

❶ **속뜻** 하루[一日]가 세[三] 번 가을[秋]을 맞이하는 것, 즉 3년 같음.
❷ 매우 지루하거나 몹시 애태우며 기다림.
【예문】시간이 느리게 가서 일일삼추 같은 느낌이 든다.

005 요산요수 樂₆₂山₈₀樂₆₂水₈₀ 좋아할 요, 메 산, 좋아할 요, 물 수

❶ 속뜻 산(山)을 좋아하고[樂] 물[水]을 좋아함[樂].

❷ 산이나 강 같은 자연을 즐기고 좋아함.

【예문】할아버지는 요산요수하는 전원생활을 좋아하신다.

006 백년대계 百₇₀年₈₀大₈₀計₆₂ 일백 백, 해 년, 큰 대, 꾀 계

❶ 속뜻 백년(百年)을 내다보는 큰[大] 계획(計劃).

❷ 먼 장래에 대한 장기 계획.

【예문】교육은 나라의 백년대계라고 한다.

百	年	大	計	百	年	大	計

007 백면서생 白80面70書62生80 흰 백, 낯 면, 글 서, 사람 생

❶ 속뜻 (밖에 나가지 않아서) 하얀[白] 얼굴[面]로 글[書]만 읽는 사람[生]
❷ 세상일에 경험이 없는 사람.
【예문】백면서생인 제가 뭘 알겠습니까?

008 작심삼일 作62心70三80日80 지을 작, 마음 심, 석 삼, 날 일

❶ 속뜻 마음[心]으로 지은[作] 것이 삼일(三日) 밖에 못 감.
❷ 결심이 오래 가지 못함.
【예문】작심삼일이라더니 새해 다짐이 오래가지 못하였다.

009 구사일생 九死一生 아홉 구, 죽을 사, 한 일, 날 생

❶ 속뜻 아홉[九] 번 죽을[死] 고비를 넘기고 다시 한[一] 번 살아남[生].
❷ 죽을 고비를 여러 차례 넘기고 겨우 살아남.
【예문】 전쟁에서 구사일생으로 살아 돌아왔다.

010 동고동락 同苦同樂 함께 동, 쓸 고, 함께 동, 즐길 락

❶ 속뜻 괴로움[苦]을 함께[同]하고 즐거움[樂]도 함께[同] 함.
❷ 삶의 괴로움도 즐거움도 함께 함.
【예문】 그 세 사람은 동고동락하기로 약속했다.

011 문전성시 門₈₀前₇₂成₆₂市₇₂ 대문 문, 앞 전, 이룰 성, 시장 시

❶ **속뜻** 대문[門] 앞[前]에 시장(市場)을 이룸[成].

❷ 집으로 찾아오는 사람이 많음.

故事 옛날 중국에 한 어린 황제가 등극했다. 그는 사치와 향락에 빠져 나랏일을 돌보지 않았다.
한 충신이 거듭 간언하다가 황제의 미움을 사고 말았다. 그 무렵 충신을 미워하던 간신 하나가
황제에게 "그의 집 문 앞에 시장이 생길 정도로 사람들이 많이 드나든다."는 말을 하여 그를 모함했다.
결국 그 충신은 옥에 갇히고 말았다.

【예문】 축하객이 문전성시로 몰려들었다.

魚 물고기 어 fish

012 백전백승 百₇₀戰₆₂百₇₀勝₆₀ 일백 백, 싸울 전, 일백 백, 이길 승

❶ 속뜻 백(百) 번 싸워[戰] 백(百) 번을 다 이김[勝].
❷ 싸울 때마다 번번이 다 이김.
【예문】 우리 팀은 백전백승의 막강한 실력을 자랑한다.

013 불원천리 不₇₂遠₆₀千₇₀里₇₀ 아니 불, 멀 원, 일천 천, 거리 리

❶ 속뜻 천리(千里) 길도 멀다고[遠] 여기지 아니함[不].
❷ 먼 길을 기꺼이 달려감.
【예문】 불원천리하고 와 주셔서 대단히 감사합니다.

014 인명재천 人₈₀命₇₀在₆₀天₇₀ 사람 인, 목숨 명, 있을 재, 하늘 천

❶ 속뜻 사람[人]의 목숨[命]은 하늘[天]에 달려 있음[在].
❷ 사람이 오래 살거나 일찍 죽는 것은 다 하늘의 뜻이라는 말.
【예문】인명재천이라 생각하면 오히려 힘이 난다.

015 전광석화 電₇₂光₆₂石₆₀火₈₀ 번개 전, 빛 광, 돌 석, 불 화

❶ 속뜻 번갯불[電光]이나 부싯돌[石]의 불[火]이 반짝이는 것처럼 몹시 짧은 시간.
❷ '매우 재빠른 동작'을 비유하여 이르는 말.
【예문】전광석화처럼 눈 깜작할 사이에 그 일이 일어났다.

016 팔방미인 八₈₀方₇₂美₆₀人₈₀ 여덟 팔, 모 방, 아름다울 미, 사람 인

❶ 속뜻 모든 면[八方]에서 아름다운[美] 사람[人].

❷ 여러 방면에 능통한 사람.

❸ 누구에게나 잘 보이도록 처세를 잘 하는 사람.

❹ '깊이는 없이 여러 방면에 조금씩 손대는 사람'을 조롱하여 이르는 말.

【예문】 그녀는 못 하는 것이 없는 팔방미인이다.

亥 돼지 해 pig

017 화조월석 花70朝60月80夕70 꽃 화, 아침 조, 달 월, 저녁 석

❶ [속뜻] 꽃[花]이 핀 아침[朝]과 달[月] 뜨는 저녁[夕].
❷ '경치가 좋은 시절'을 이르는 말. Ⓑ 朝花月夕(조화월석).
【예문】화조월석 좋은 날이니 꽃구경 가자꾸나.

018 견물생심 見52物72生80心70 볼 견, 만물 물, 날 생, 마음 심

❶ [속뜻] 물건(物件)을 보면[見] 그것을 가지고 싶은 욕심(慾心)이 생김[生].
❷ 어떠한 실물을 보게 되면 그것을 가지고 싶은 욕심이 생김.
【예문】견물생심이라더니 그 물건을 본 순간 사고 싶은 마음이 들었다.

23

019 경천애인 敬₅₂天₇₀愛₆₀人₈₀ 공경할 경, 하늘 천, 사랑 애, 사람 인

❶ 속뜻 하늘[天]을 공경(恭敬)하고 사람[人]을 사랑함[愛].
❷ 하늘이 내린 운명을 달게 받고 남들을 사랑하며 사이좋게 지냄.
【예문】 경천애인을 좌우명으로 삼고 싶다.

020 다재다능 多₆₀才₆₂多₆₀能₅₂ 많을 다, 재주 재, 많을 다, 능할 능

❶ 속뜻 많은[多] 재주[才]와 많은[多] 능력(能力).
❷ 재능이 많음.
【예문】 다재다능한 그를 다들 좋아한다.

021 양약고구 良$_{52}$藥$_{62}$苦$_{60}$口$_{70}$ 좋을 량, 약 약, 쓸 고, 입 구

❶ 속뜻 몸에 좋은[良] 약(藥)은 입[口]에는 씀[苦].

❷ 먹기는 힘들지만 몸에는 좋음.

【예문】양약고구란 말을 듣고 쓴 약을 단숨에 삼켰다.

022 만고불변 萬$_{80}$古$_{60}$不$_{72}$變$_{52}$ 일만 만, 옛 고, 아니 불, 변할 변

❶ 속뜻 오랜 세월[萬古]이 지나도 변(變)하지 않음[不].

❷ 영원히 변하지 아니함. '진리'를 형용하는 말로 많이 쓰인다.

㉘ 萬代不變(만대불변), 萬世不變(만세불변). 【예문】그 말은 만고불변의 진리이다.

023 무불통지 無₅₀不₇₂通₆₀知₅₂ 없을 무, 아닐 불, 통할 통, 알 지

❶ 속뜻 무엇이든지 다 통(通)하여 알지[知] 못하는[不] 것이 없음[無].
❷ 무슨 일이든지 환히 잘 앎. 비 無不通達(무불통달).
【예문】 그는 무불통지로 모르는 것이 없다.

024 문일지십 聞₆₂一₈₀知₅₂十₈₀ 들을 문, 한 일, 알 지, 열 십

❶ 속뜻 한[一] 가지를 들으면[聞] 열[十] 가지를 미루어 앎[知].
❷ 사고력과 추리력이 매우 빼어남. 또는 매우 총명한 사람.
【예문】 그는 문일지십할 만큼 총명하다고 소문이 났다.

025 북창삼우 北80窓62三80友52 북녘 북, 창문 창, 석 삼, 벗 우

❶ **속뜻** 서재의 북(北)쪽 창(窓)에 있는 세[三] 벗[友].

❷ '거문고, 술, 시(詩)'를 일컬음.

【예문】 그 시인의 북창삼우가 기념관에 남아 있다.

026 안분지족 安72分62知52足72 편안할 안, 나눌 분, 알 지, 넉넉할 족

❶ **속뜻** 자기 분수(分數)를 편안(便安)하게 여기며 만족(滿足)할 줄 앎[知].

❷ 자기 분수에 맞게 살며 만족함.

【예문】 욕심을 버리고 안분지족하며 살아가자.

027 어불성설 語70不72成62說52 말씀 어, 아니 불, 이룰 성, 말씀 설

❶ 속뜻 말[語]이 되지[成] 못하는[不] 말[說].

❷ 말이 조금도 사리(事理)에 맞지 않음.

【예문】 그것은 어불성설이니 다시는 그런 말을 하지 말라.

028 우순풍조 雨52順52風62調52 비 우, 따를 순, 바람 풍, 고를 조

❶ 속뜻 비[雨]와 바람[風]이 순조(順調)로움.

❷ 농사에 알맞게 기후가 순조로움. ⑪ 風調雨順(풍조우순).

【예문】 올해는 날씨가 우순풍조하여 풍년이 들었다.

029 유명무실 有70名70無50實52 있을 유, 이름 명, 없을 무, 실제 실

❶ **속뜻** 이름[名]만 있고[有] 실속[實]이 없음[無].
❷ 겉은 그럴듯하지만 실속은 없음. ㉫ 虛名無實(허명무실).
【예문】유명 음식점에 직접 가보니 유명무실하여 실망했다.

030 이심전심 以52心70傳52心70 써 이, 마음 심, 전할 전, 마음 심

❶ **속뜻** 마음[心]으로[以] 마음[心]을 전(傳)함.
❷ 서로 마음이 잘 통함. ㉫ 心心相印(심심상인).
【예문】우리는 이심전심 서로 마음이 잘 통하는 사이다.

031 주객일체 主₇₀客₅₂一₈₀體₆₂ 주인 주, 손 객, 한 일, 몸 체

❶ 속뜻 주인(主人)과 손님[客]이 서로 한[一] 덩어리[體]가 됨.
❷ 주체와 객체가 하나가 됨. 서로 손발이 잘 맞음.
【예문】 자연과 더불어 주객일체가 된 느낌이 들었다.

032 격물치지 格₅₂物₇₂致₅₀知₅₂ 바로잡을 격, 만물 물, 이를 치, 알 지

❶ 속뜻 사물(事物)의 이치를 바로잡아[格] 높은 지식(知識)에 이름[致].
❷ 사물의 이치를 규명하여 자기의 지식을 확고하게 함.
【예문】 격물치지하는 마음으로 사물을 잘 관찰해 보았다.

033 교학상장 教₈₀ 學₈₀ 相₅₀ 長₈₀ 가르칠 교, 배울 학, 서로 상, 자랄 장

❶ **속뜻** 가르치고[教] 배우는[學] 일이 서로[相] 자라게[長] 함.

❷ 가르치고 배우는 것이 서로 도움이 됨. ❸ 가르치면서 배우고, 배우면서 가르친다.

【예문】직접 가르쳐보면 교학상장을 느낄 수 있다.

教	學	相	長	教	學	相	長

馬 말 마 horse

034 금시초문 今60始72初50聞62 이제 금, 비로소 시, 처음 초, 들을 문

❶ 속뜻 바로 지금[今] 비로소[始] 처음[初] 들음[聞].
❷ 처음 들음.
【예문】그 소식은 금시초문이다.

035 낙목한천 落50木80寒50天70 떨어질 락, 나무 목, 찰 한, 하늘 천

❶ 속뜻 나무[木]의 잎이 다 떨어진[落] 뒤의 추운[寒] 날씨[天].
❷ 나뭇잎이 다 떨어지고 난 겨울의 춥고 쓸쓸한 풍경. 또는 그런 계절.
【예문】낙목한천에 매화가 홀로 피어 향기를 뿜었다.

036 낙화유수 落50**花**70**流**52**水**80 떨어질 락, 꽃 화, 흐를 류, 물 수

❶ 속뜻 떨어지는[落] 꽃[花]과 흐르는[流] 물[水].
❷ 가는 봄의 경치. ❸ '살림이나 세력이 약해져 아주 보잘것없이 됨'을 비유하여 이르는 말.
【예문】 낙화유수 같은 신세를 한탄해 봤자 헛일이다.

037 능소능대 能52**小**80**能**52**大**80 능할 능, 작을 소, 능할 능, 큰 대

❶ 속뜻 작은[小] 일에도 능(能)하고 큰[大] 일에도 능(能)함.
❷ 작아질 수도 있고 커질 수도 있음. ❸ 모든 일에 두루 능함.
【예문】 그는 능소능대한 사람이라고 한다.

038 마이동풍 馬50耳50東80風62 말 마, 귀 이, 동녘 동, 바람 풍

❶ 속뜻 말[馬]의 귀[耳]에 동풍(東風)이 불어도 아랑곳하지 아니함.

❷ 남의 말을 귀담아듣지 아니하고 지나쳐 흘려버림. 비 牛耳讀經(우이독경).

【예문】 그는 마이동풍이라 남의 말을 잘 듣지 않는다.

039 백년하청 百70年80河50淸62 일백 백, 해 년, 물 하, 맑을 청

❶ 속뜻 백년(百年)을 기다린들 황하(黃河) 물이 맑아질까[淸].

❷ '아무리 바라고 기다려도 실현될 가망이 없음'을 비유하여 이르는 말.

【예문】 백년하청처럼 기다려 봤자 헛일이다.

040 불문가지 不₇₂問₇₀可₅₀知₅₂ 아니 불, 물을 문, 가히 가, 알 지

❶ 속뜻 묻지[問] 않아도[不] 가(可)히 알[知] 수 있음.
❷ 스스로 잘 알 수 있음.
【예문】 그 일은 불문가지이다. 누구나 알 수 있다.

041 불문곡직 不₇₂問₇₀曲₅₀直₅₂ 아니 불, 물을 문, 굽을 곡, 곧을 직

❶ 속뜻 그름[曲]과 옳음[直]을 묻지[問] 아니함[不].
❷ 옳고 그름을 따지지 아니함.
【예문】 불문곡직 하지 말고 잘 따져 보아라.

042 유구무언 有⁷⁰口⁷⁰無⁵⁰言⁶⁰ 있을 유, 입 구, 없을 무, 말씀 언

❶ 속뜻 입[口]은 있으나[有] 할 말[言]이 없음[無].
❷ 변명이나 항변할 말이 없음.
【예문】 유구무언 할 말이 없습니다. 모두 내 탓입니다.

043 전무후무 前⁷²無⁵⁰後⁷²無⁵⁰ 앞 전, 없을 무, 뒤 후, 없을 무

❶ 속뜻 이전(以前)에도 없었고[無] 이후(以後)에도 없음[無].
❷ 지금까지 없었고 앞으로도 있을 수 없음. 🔵 空前絕後(공전절후).
【예문】 전무후무한 기록을 세우다.

3

044 조변석개 朝60變52夕70改50 아침 조, 변할 변, 저녁 석, 고칠 개

❶ **속뜻** 아침[朝]에 변(變)한 것을 저녁[夕]에 다시 고침[改].

❷ 계획이나 결정 따위를 일관성 없이 자주 고침. ⓗ 朝改暮變(조개모변), 朝變暮改(조변모개).

【예문】 마음이 조변석개하면 안 된다. 한결같아야 큰일을 할 수 있다.

045 추풍낙엽 秋70風62落50葉50 가을 추, 바람 풍, 떨어질 락, 잎 엽

❶ **속뜻** 가을[秋]바람[風]에 떨어지는[落] 잎[葉].

❷ '세력이나 형세가 갑자기 기울거나 시듦'을 비유하여 이르는 말.

【예문】 그의 인기가 추풍낙엽처럼 뚝 떨어졌다.

046 각자무치 角$_{60}$者$_{60}$無$_{50}$齒$_{42}$ 뿔 각, 사람 자, 없을 무, 이 치

❶ 속뜻 뿔[角]이 강한 짐승[者]은 이빨[齒]이 약함[無].
❷ 한 사람이 모든 재주나 복을 다 가질 수는 없음. ❸ 누구나 장점과 단점이 있게 마련임.
【예문】각자무치라더니 그는 운동은 잘 하지만 공부는 못 한다.

047 강호연파 江$_{72}$湖$_{50}$煙$_{42}$波$_{42}$ 강 강, 호수 호, 연기 연, 물결 파

❶ 속뜻 강(江)이나 호수(湖水) 위에 연기(煙氣)처럼 뽀얗게 이는 잔물결[波].
❷ 대자연의 아름다운 풍경.
【예문】호수의 잔물결이 아름다워 강호연파라는 성어가 생각났다.

048 견리사의 見₅₂利₆₂思₅₀義₄₂ 볼 견, 이로울 리, 생각할 사, 옳을 의

❶ 속뜻 눈앞의 이익(利益)을 보면[見] 의리(義理)를 먼저 생각함[思].
❷ 의리를 중요하게 여김. ⒝ 見危授命(견위수명). ⒝ 見利忘義(견리망의).
【예문】 견리사의를 좌우명으로 삼고 싶다.

象 코끼리 상 elephant

049 결초보은 結草報恩 맺을 결, 풀 초, 갚을 보, 은혜 은

❶ 속뜻 풀[草]을 엮어서[結]라도 은혜[恩]를 갚음[報].

❷ 죽어 혼령이 되어도 은혜를 잊지 않고 갚음.

(비) 刻骨難忘(각골난망), 白骨難忘(백골난망).

故事 중국 춘추시대에 진(晉)나라 위무자(魏武子)의 아들 과(顆)의 이야기다. 그는 아버지가 세상을 떠나자 젊은 서모를 살려주어 다시 시집을 갈 수 있도록 하였다. 훗날 위과(魏顆)가 장수가 되어 전쟁에 나갔다. 그는 자신을 쫓던 적장이 탄 말이 어느 무덤의 풀에 걸려 넘어지는 바람에 적장을 사로잡아 큰 공을 세우게 되었다. 그날 밤 꿈에 서모 아버지의 혼령이 나타나 말하였다, 옛날의 은혜를 갚고자 풀을 엮어 놓았다고. 출처: 『左傳』

【예문】결초보은 하겠다면서 큰 절을 올렸다.

結	草	報	恩	結	草	報	恩

050 경세제민 經42世72濟42民80 다스릴 경, 세상 세, 건질 제, 백성 민

❶ 속뜻 세상(世上)을 다스리고[經] 백성[民]을 구제(救濟)함.

❷ 백성의 살림을 잘 보살펴 줌. 준 經濟.

【예문】경세제민 정책을 세워서 국민에게 희망을 안겼다.

051 공전절후 空72前72絶42後72 빌 공, 앞 전, 끊을 절, 뒤 후

❶ 속뜻 이전(以前)에 없었고[空], 이후(以後)에도 없을 것임[絶].

❷ 지금까지 없었고 앞으로 있을 수도 없음. 비 前無後無(전무후무).

【예문】공전절후의 큰 기록을 세웠다.

052 구우일모 九80牛50一80毛42 아홉 구, 소 우, 한 일, 털 모

❶ 속뜻 아홉[九] 마리의 소[牛] 가운데 박힌 하나[一]의 털[毛].

❷ 대단히 많은 것 가운데 없어져도 아무 표시가 나지 않는 극히 적은 부분.

【예문】구우일모일 만큼 정말 드문 일이다.

053 권모술수 權32謀32術62數70 권세 권, 꾀할 모, 꾀 술, 셀 수

❶ 속뜻 권세(權勢)를 꾀하기[謀] 위한 꾀[術]나 셈[數].

❷ 목적 달성을 위하여 수단과 방법을 가리지 아니하는 온갖 모략이나 술책.

【예문】권모술수에 당하지 않도록 주의해야 한다.

054 권불십년 權₄₂不₇₂十₈₀年₈₀ 권세 권, 아닐 불, 열 십, 해 년

❶ **속뜻** 권세(權勢)는 십 년(十年)을 가지 못함[不].
❷ 아무리 높은 권세라도 오래가지 못함. ⑪ 花無十日紅(화무십일홍), 勢不十年(세불십년).
【예문】권불십년이라더니 그의 형편이 이젠 말이 아니게 됐다.

055 극악무도 極₄₂惡₅₂無₅₀道₇₂ 다할 극, 악할 악, 없을 무, 길 도

❶ **속뜻** 더없이[極] 악(惡)하고, 인간의 도리(道理)를 지키는 일이 없음[無].
❷ 대단히 악하게 굴고 함부로 막 함.
【예문】극악무도한 범인이 잡혔다.

056 기사회생 起₄₂死₆₀回₄₂生₈₀ 일어날 기, 죽을 사, 돌아올 회, 살 생

❶ 속뜻 죽을[死] 뻔 하다가 일어나[起] 다시[回] 살아남[生].
❷ 죽다가 겨우 살아남.
【예문】기사회생하여 이제는 건강한 몸이 됐다.

057 난형난제 難₄₂兄₈₀難₄₂弟₈₀ 어려울 난, 맏 형, 어려울 난, 아우 제

❶ 속뜻 형(兄)이 낫다고 하기도 어렵고[難], 아우[弟]가 낫다고 하기도 어려움[難].
❷ '누가 더 낫다고 할 수 없을 정도로 둘이 서로 비슷함'을 비유하여 이르는 말.
⑪ 莫上莫下(막상막하), 伯仲之間(백중지간).【예문】난형난제로 누가 더 낫다고 보기 어렵다.

058 노발대발 怒42 發62 大80 發62 성낼 노, 일으킬 발, 큰 대, 일으킬 발

❶ **속뜻** 성[怒]을 내며[發] 크게[大] 소리 지름[發].

❷ 몹시 노하면서 성을 냄.

【예문】노발대발 성을 내면 건강에 해롭다.

059 논공행상 論42 功62 行60 賞50 논할 론, 공로 공, 행할 행, 상줄 상

❶ **속뜻** 공(功)을 잘 따져 보아[論] 알맞은 상(賞)을 내림[行].

❷ 공로에 따라 상을 줌.

【예문】논공행상을 잘해야 불평이 없어지고 더욱 분발하게 된다.

060 다다익선 多60 多60 益42 善50 많을 다, 많을 다, 더할 익, 좋을 선

❶ 속뜻 많으면[多] 많을수록[多] 더욱[益] 좋음[善].

❷ 양적으로 많을수록 좋음.

【예문】 칭찬은 다다익선이지만 지나치면 역효과가 난다.

061 독불장군 獨52 不72 將42 軍80 홀로 독, 아닐 불, 장수 장, 군사 군

❶ 속뜻 혼자서는[獨] 장군(將軍)이 되지 못함[不].

❷ 남과 의논하고 협조해야 함. ❸ '무슨 일이든 자기 혼자서 처리하는 사람'을 비유하여 이르는 말.

【예문】 독불장군은 책임감이 강한 장점이 있지만, 남과 화합하지 못하는 단점이 있다.

062 등하불명 燈下不明 등불 등, 아래 하, 아닐 불, 밝을 명

❶ **속뜻** 등잔(燈盞) 밑은[下] 밝지[明] 아니함[不].

❷ 가까이 있는 것을 도리어 알기 어려움.

【예문】 등하불명일 수 있으니 가까운 데서 다시 찾아보자.

063 등화가친 燈火可親 등불 등, 불 화, 가히 가, 친할 친

❶ **속뜻** 등잔(燈盞)의 불[火]과 가히[可] 친(親)하게 지낼 만함.

❷ 가을밤이면 날씨가 서늘하여 등불을 밝혀 글 읽기에 알맞음. '가을'을 형용하는 말로 많이 쓰인다.

【예문】 등화가친의 계절이 돌아왔으니 책을 많이 읽자.

064 무소불위 無₅₀所₇₀不₇₂爲₄₂ 없을 무, 것 소, 아닐 불, 할 위

❶ 속뜻 못[不] 할[爲] 것[所]이 아무 것도 없음[無].
❷ 하지 못하는 일이 없음. 비 無所不能(무소불능).
【예문】무소불위의 권력은 오래가지 못한다.

065 박학다식 博₄₂學₈₀多₆₀識₅₂ 넓을 박, 배울 학, 많을 다, 알 식

❶ 속뜻 널리[博] 배우고[學] 많이[多] 앎[識].
❷ 학문이 넓고 아는 것이 많음.
【예문】박학다식한 사람이 되기 위해서는 독서를 많이 해야 한다.

博	學	多	識	博	學	多	識

066 백전노장 百70戰62老70將42 일백 백, 싸울 전, 늙을 노, 장수 장

❶ **속뜻** 수없이 많은[百] 싸움[戰]을 치른 노련(老鍊)한 장수(將帥).
❷ 세상 일을 많이 겪어서 여러 가지로 능란한 사람. **비** 百戰老卒(백전노졸).
【예문】백전노장인 그를 주위 사람들이 대단히 존경한다.

067 백중지세 伯32仲32之32勢42 맏 백, 버금 중, 어조사 지, 기세 세

❶ **속뜻** 첫째[伯]와 둘째[仲]를 가리기 어려운 형세(形勢).
❷ 서로 실력이 비슷하여 우열을 가리기 힘든 형세. **준** 伯仲勢(백중세).
【예문】두 팀은 워낙 백중지세인지라 어느 팀이 이길지 모르겠다.

068 부귀재천 富貴在天 넉넉할 부, 귀할 귀, 있을 재, 하늘 천

❶ 속뜻 부유(富裕)함과 귀(貴)함은 하늘[天]의 뜻에 달려 있음[在].

❷ 사람의 힘만으로는 부귀를 어찌할 수 없음.

【예문】부귀재천이라지만 열심히 노력하는 것이 좋다.

069 부부유별 夫婦有別 남편 부, 아내 부, 있을 유, 나눌 별

❶ 속뜻 남편[夫]과 아내[婦]는 맡은 일의 구별(區別)이 있음[有].

❷ 남편과 아내는 각기 해야 할 일이 다름.

【예문】부부유별에는 각자 맡은 역할을 잘해야 한다는 속뜻이 담겨 있다.

070 비일비재 非₄₂ 一₈₀ 非₄₂ 再₅₀ 아닐 비, 한 일, 아닐 비, 두 재

❶ 속뜻 같은 현상이나 일이 한[一]두[再] 번이나 한둘이 아니고[非] 많음.
❷ 매우 많이 있거나 흔함.
【예문】 그런 일은 비일비재 자주 일어난다.

071 빈자일등 貧₄₂ 者₆₀ 一₈₀ 燈₄₂ 가난할 빈, 사람 자, 한 일, 등불 등

❶ 속뜻 가난한[貧] 사람[者]이 부처에게 바치는 등(燈) 하나[一].
❷ 부자의 등 만 개보다도 더 공덕(功德)이 있음. ❸ '참마음의 소중함'을 비유하여 이르는 말.
【예문】 빈자일등에 깊은 정성이 담겨 있다.

072 사생결단 死60生80決52斷42 죽을 사, 살 생, 결정할 결, 끊을 단

❶ 속뜻 죽느냐[死] 사느냐[生]를 결단(決斷)내리려고 함.

❷ 죽음을 무릅쓰고 끝장을 내려고 대듦.

【예문】 사생결단을 하고 나선 사람이 무섭다.

073 생불여사 生80不72如42死60 날 생, 아닐 불, 같을 여, 죽을 사

❶ 속뜻 삶[生]이 죽음[死]만 같지[如] 못함[不].

❷ 몹시 곤란한 지경에 빠짐.

【예문】 그때는 고통이 너무나 심하여 생불여사 같았다.

074 설왕설래 說₅₂往₄₂說₅₂來₇₀ 말씀 설, 갈 왕, 말씀 설, 올 래

❶ 속뜻 말[說]을 주거니[往] 말[說]을 받거니[來] 함.
❷ 옳고 그름을 따지느라 옥신각신함. ⑪ 言去言來(언거언래), 言往說來(언왕설래).
【예문】 설왕설래하는 토론을 벌였다.

075 시시비비 是₄₂是₄₂非₄₂非₄₂ 옳을 시, 옳을 시, 아닐 비, 아닐 비

❶ 속뜻 옳은[是] 것은 옳다고[是] 하고 그른[非] 것은 그르다고[非] 하는 일.
❷ 옳고 그름을 따지며 다툼. ❸ 서로의 잘잘못.
【예문】 시시비비를 가리려다 말다툼이 벌어졌다.

076 시종여일 始₆₂終₅₀如₄₂一₈₀ 처음 시, 끝 종, 같을 여, 한 일

❶ 속뜻 처음부터[始] 끝까지[終] 한결[一] 같음[如].
❷ 처음부터 끝까지 변함이 없음.
【예문】 그는 그때 시종여일 침착했다.

077 신상필벌 信₆₂賞₅₀必₅₂罰₄₂ 믿을 신, 상줄 상, 반드시 필, 벌줄 벌

❶ 속뜻 공이 있는 자에게는 믿을만하게[信] 상(賞)을 주고, 죄 있는 사람에게는 반드시[必] 벌(罰)을 줌.
❷ 상과 벌을 공정하고 엄중하게 하는 일을 이르는 말.
【예문】 조직을 잘 이끌자면 신상필벌이 반드시 필요하다.

078 실사구시 實₅₂事₇₂求₄₂是₄₂ 실제 실, 일 사, 구할 구, 옳을 시

❶ **속뜻** 실제(實際)의 사실[事]로부터 옳은[是] 것을 찾아냄[求].
❷ 사실에 토대를 두어 진리를 탐구하는 일. ❸ 정확한 고증을 바탕으로 하는 과학적·객관적인 학문 태도.
【예문】 실사구시 정신으로 학문을 탐구하여 큰 업적을 올렸다.

079 안빈낙도 安₇₂貧₄₂樂₆₂道₇₂ 편안할 안, 가난할 빈, 즐길 락, 길 도

❶ **속뜻** 가난함[貧]을 편안(便安)하게 여기며 사람의 도리(道理)를 즐겨[樂] 지킴.
❷ 가난함에도 불구하고 사람의 도리를 잘 함.
【예문】 안빈낙도하는 삶을 살았다.

080 안하무인 眼₄₂下₇₂無₅₀人₈₀ 눈 안, 아래 하, 없을 무, 사람 인

❶ 속뜻 눈[眼] 아래[下]에 다른 사람[人]이 없는[無] 것으로 여김.
❷ 다른 사람을 업신여김.
【예문】 안하무인하면 남들에게 욕을 먹는다.

081 약육강식 弱₆₂肉₄₂強₆₀食₇₂ 약할 약, 고기 육, 굳셀 강, 먹을 식

❶ 속뜻 약(弱)한 자의 살[肉]은 강(強)한 자의 먹이[食]가 됨.
❷ 강한 자가 약한 자를 희생시켜서 번영함. ❸ 약한 자가 강한 자에 의하여 멸망됨.
【예문】 동물의 세계는 약육강식하는 특징이 있다.

082 어동육서 魚₅₀東₈₀肉₄₂西₈₀ 물고기 어, 동녘 동, 고기 육, 서녘 서

❶ **속뜻** 생선[魚] 반찬은 동쪽[東]에 놓고 고기[肉] 반찬은 서쪽[西]에 놓음.
❷ 제사상을 차릴 때, 반찬을 진설하는 위치를 일컬음.
【예문】 어동육서, 홍동백서의 원칙에 따라 제사상을 차린다.

鳥 새 조 bird

083 언어도단 言₆₀語₇₀道₇₂斷₄₂ 말씀 언, 말씀 어, 길 도, 끊을 단

❶ **속뜻** 말[言語]할 길[道]이 끊어짐[斷].
❷ 어이가 없어서 말하려 해도 말할 수 없음.
【예문】언어도단이라 아무런 말도 하지 않았다.

084 여출일구 如₄₂出₇₀一₈₀口₇₀ 같을 여, 날 출, 한 일, 입 구

❶ **속뜻** 한[一] 입[口]에서 나온[出] 것 같음[如].
❷ 여러 사람이 하는 말이 한 사람의 말처럼 똑같음. ⑪ 異口同聲(이구동성).
【예문】두 사람 말이 여출일구 같이 똑같았다.

085 연전연승 連戰連勝 이을 련, 싸움 전, 이을 련, 이길 승

❶ **속뜻** 연(連)이은 싸움[戰]에 연(連)이어 이김[勝].

❷ 싸울 때마다 계속하여 이김. ㉣ 連戰連捷(연전연첩).

【예문】우리 야구팀은 올해에 연전연승을 계속하고 있다.

086 온고지신 溫故知新 익힐 온, 옛 고, 알 지, 새 신

❶ **속뜻** 옛 것[故]을 익혀서[溫] 새 것[新]을 앎[知].

❷ 옛 것을 익혀서 새 것을 잘 앎.

【예문】온고지신해야 스승이 될 수 있다고 했다.

087 우왕좌왕 右₇₂往₄₂左₇₂往₄₂ 오른 우, 갈 왕, 왼 좌, 갈 왕

❶ 속뜻 오른쪽[右]으로 갔다[往]가 다시 왼쪽[左]으로 갔다[往]함.
❷ 이리저리 왔다 갔다 하며 나아갈 바를 종잡지 못하는 모양.
【예문】우왕좌왕 갈피를 못 잡다.

088 우이독경 牛₅₀耳₅₀讀₆₂經₄₂ 소 우, 귀 이, 읽을 독, 책 경

❶ 속뜻 소[牛]의 귀[耳]에 대고 책[經]을 읽어[讀]줌.
❷ 아무리 가르치고 일러 주어도 알아듣지 못함. ⑪ 牛耳誦經(우이송경), 馬耳東風(마이동풍).
【예문】우이독경해 봐야 헛일이다.

089 유비무환 有₇₀備₄₂無₅₀患₅₀ 있을 유, 갖출 비, 없을 무, 근심 환

❶ 속뜻 미리 대비[備]가 되어 있으면[有] 근심거리[患]가 없게[無] 됨.

❷ 나중에 후회하는 것보다 미리 대비하는 것이 좋음.

【예문】 유비무환이니 미리 대비하는 것이 제일이다.

090 이열치열 以₅₂熱₅₀治₄₂熱₅₀ 써 이, 더울 열, 다스릴 치, 더울 열

❶ 속뜻 열(熱)로써[以] 열(熱)을 다스림[治].

❷ '힘에는 힘으로', '강한 것에는 강한 것으로 상대함'을 비유하는 말.

【예문】 이열치열 방식으로 더위를 피하지 않고 맞섰다.

091 인과응보 因50果62應42報42 까닭 인, 열매 과, 응할 응, 갚을 보

❶ 속뜻 원인(原因)에 대한 결과(結果)가 마땅히[應] 갚아짐[報].
❷ 불교 과거 또는 전생에 지은 일에 대한 결과로, 뒷날의 길흉화복(吉凶禍福)이 주어짐.
【예문】인과응보이니 말을 함부로 하면 안 된다.

092 인사유명 人80死60留42名72 사람 인, 죽을 사, 머무를 류, 이름 명

❶ 속뜻 사람[人]은 죽어도[死] 이름[名]은 남음[留].
❷ 삶이 헛되지 않으면 그 명성은 길이 남음. ⓑ 豹死留皮(표사유피), 虎死留皮(호사유피).
【예문】인사유명이라니 열심히 노력하여 이름을 남기자.

093 일거양득 一擧兩得 한 일, 들 거, 둘 량, 얻을 득

❶ **속뜻** 한[一] 가지를 들어[擧] 두[兩] 가지를 얻음[得].
❷ 한 번의 노력으로 두 가지 효과를 거둠. **비** 一石二鳥(일석이조).
【예문】 한자 공부는 일거양득의 결과를 얻는다.

094 일맥상통 一脈相通 한 일, 맥 맥, 서로 상, 통할 통

❶ **속뜻** 한[一] 가지[脈]로 서로[相] 통(通)함.
❷ 어떤 상태, 성질 따위가 서로 통하거나 비슷해짐.
【예문】 그 두 가지 일은 일맥상통하는 점이 있다.

095 일석이조 一₈₀石₆₀二₈₀鳥₄₂ 한 일, 돌 석, 두 이, 새 조

❶ **속뜻** 하나[一]의 돌[石]로 두[二] 마리의 새[鳥]를 잡음.
❷ 한 번의 노력으로 여러 효과를 얻음. ㉫ 一擧兩得(일거양득).
【예문】 일석이조의 효과를 얻다.

096 일언반구 一₈₀言₆₀半₆₂句₄₂ 한 일, 말씀 언, 반 반, 글귀 구

❶ **속뜻** 한[一] 마디 말[言]과 반(半) 구절(句節)의 글.
❷ 아주 짧은 글이나 말.
【예문】 그녀는 일언반구의 사과도 하지 않았다.

一	言	半	句	一	言	半	句

097 일의대수 一₈₀衣₆₀帶₄₂水₈₀ 한 일, 옷 의, 띠 대, 물 수

❶ 속뜻 한[一] 줄기의 띠[衣帶]와 같이 좁은 강물[水].
❷ 겨우 냇물 하나를 사이에 둔 가까운 이웃. ⓑ 指呼之間(지호지간).
【예문】일의대수의 가까운 마을에서 자랐다.

098 일취월장 日₈₀就₄₀月₈₀將₄₂ 날 일, 이룰 취, 달 월, 나아갈 장

❶ 속뜻 날[日]마다 뜻을 이루고[就] 달[月]마다 나아감[將].
❷ 발전이 빠르고 성취가 많음. ⓑ 日將月就(일장월취).
【예문】속뜻풀이 사전을 보며 공부하더니 일취월장 성적이 쑥쑥 올랐다.

099 일파만파 一波萬波 한 일, 물결 파, 일만 만, 물결 파

❶ 속뜻 하나[一]의 물결[波]이 많은[萬] 물결[波]을 일으킴.
❷ 한 사건으로 인하여 다른 사건이 잇달아 생기거나 번짐.
【예문】그 사건은 일파만파로 많은 영향을 미쳤다.

100 자업자득 自業自得 스스로 자, 일 업, 스스로 자, 얻을 득

❶ 속뜻 자기(自己)가 저지른 일의 업(業)을 자신(自身)이 받음[得].
❷ 자기의 잘못에 대한 벌을 자신이 받음. ⓑ 自業自縛(자업자박).
【예문】자업자득의 결과가 생겼다.

101 자초지종 自₇₂初₅₀至₄₂終₄₀ 부터 자, 처음 초, 이를 지, 끝 종

❶ 속뜻 처음[初]부터[自] 끝[終]까지 이름[至].
❷ 처음부터 끝까지 모든 과정. ⑪ 自頭至尾(자두지미).
【예문】그 사건을 자초지종 상세히 말해 주었다.

102 자강불식 自₇₂強₆₀不₇₂息₄₂ 스스로 자, 굳셀 강, 아니 불, 쉴 식

❶ 속뜻 스스로[自] 굳세게[強] 되기 위하여 쉬지[息] 않고[不] 노력함.
❷ 게으름을 피지 않고 스스로 열심히 노력함.
【예문】자강불식하여 끝내 큰 성공을 거두었다.

103 조족지혈 鳥₄₂足₇₂之₃₂血₄₂ 새 조, 발 족, 어조사 지, 피 혈

❶ 속뜻 새[鳥] 발[足]의[之] 피[血].
❷ '매우 적은 분량'을 비유하여 이르는 말.
【예문】 우리 군대의 피해는 적에 비하면 조족지혈이었다.

104 종두득두 種₅₂豆₄₂得₄₂豆₄₂ 심을 종, 콩 두, 얻을 득, 콩 두

❶ 속뜻 콩[豆]을 심으면[種] 콩[頭]을 얻음[得].
❷ 원인이 같으면 결과도 같음.
【예문】 종두득두이니 결과는 너무나 뻔하였다.

68

105 죽마고우 竹42馬50故42友52 대나무 죽, 말 마, 옛 고, 벗 우

❶ **속뜻** 대나무[竹]로 만든 말[馬]을 타며 놀던 옛[故] 친구[友].
❷ 어릴 때부터 함께 놀며 자란 벗. **비** 竹馬之友(죽마지우).
【예문】죽마고우인 두 사람은 평생을 친하게 지냈다.

106 중구난방 衆42口70難42防42 무리 중, 입 구, 어려울 난, 막을 방

❶ **속뜻** 여러 사람[衆]의 입[口]을 막기[防] 어려움[難].
❷ 많은 사람들이 떠들어대는 것은 막기 어려움.
【예문】중구난방이니 소문은 미리 막는 게 상책이다.

107 지성감천 至誠感天 이를 지, 진심 성, 느낄 감, 하늘 천

❶ 속뜻 지극(至極)한 정성(精誠)이 있으면 하늘[天]도 감동(感動)함.
❷ 지극 정성으로 일을 하면 남들이 도와줌.
【예문】 지성감천이라더니 노력한 결과가 기대 이상으로 좋았다.

108 진퇴양난 進退兩難 나아갈 진, 물러날 퇴, 두 량, 어려울 난

❶ 속뜻 앞으로 나아가기[進]와 뒤로 물러나기[退]가 둘[兩] 다 모두 어려움[難].
❷ 어찌할 수 없는 곤란한 처지에 놓임. 🈁 進退維谷(진퇴유곡).
【예문】 진퇴양난의 위기에 몰렸다.

109 천인공노 天70人80共62怒42 하늘 천, 사람 인, 함께 공, 성낼 노

❶ **속뜻** 하늘[天]과 사람[人]이 함께[共] 성냄[怒].

❷ 누구나 분노를 참을 수 없을 만큼 증오스러움. ❸ 도저히 용납될 수 없음. Ⓑ 神人共怒(신인공노).

【예문】천인공노 할 사건이 터졌다.

| 天 | 人 | 共 | 怒 | 天 | 人 | 共 | 怒 |

戒 경계할 계 be on guard

110 촌철살인 寸80鐵50殺42人80 마디 촌, 쇠 철, 죽일 살, 사람 인

❶ 속뜻 한 치[寸]의 쇠붙이[鐵]만으로도 사람[人]을 죽일[殺] 수 있음.
❷ 짧은 경구(警句)로 사람의 마음을 감동시킴.
【예문】 촌철살인 짧은 글을 보고 감동하였다.

111 출장입상 出70將42入70相52 날 출, 장수 장, 들 입, 재상 상

❶ 속뜻 전쟁에 나가서는[出] 장수(將帥)가 되고 조정에 들어와서는[入] 재상(宰相)이 됨.
❷ 문무(文武)를 겸비하여 장상(將相)의 벼슬을 모두 지냄.
【예문】 출장입상한 위인들의 전기를 읽어 보았다.

112 충언역이 忠言逆耳 충성 충, 말씀 언, 거스를 역, 귀 이

❶ **속뜻** 충성(忠誠)스러운 말[言]은 귀[耳]에 거슬림[逆].
❷ 바르게 타이르는 말일수록 듣기 거북함. ⓑ 忠言逆於耳(충언역어이), 良藥苦於口(양약고어구).
【예문】 그의 충고를 듣고 충언역이란 말이 생각났다.

113 탁상공론 卓上空論 탁자 탁, 위 상, 빌 공, 논할 론

❶ **속뜻** 탁자(卓子) 위[上]에서만 펼치는 헛된[空] 이론(理論).
❷ 실현 가능성이 없는 이론이나 주장. ⓑ 机上空論(궤상공론).
【예문】 탁상공론 하지 말고 현장을 발로 뛰어 보는 게 더 낫다.

114 풍전등화 風前燈火 바람 풍, 앞 전, 등불 등, 불 화

❶ 속뜻 바람[風] 앞[前]의 등불[燈火]. ❷ '매우 위험한 처지에 놓여 있음'을 비유하여 이르는 말.
❸ '사물이 덧없음'을 비유하여 이르는 말. ㉑ 風前燈燭(풍전등촉).
【예문】 풍전등화 같은 위기에 처해 있다.

115 호의호식 好衣好食 좋을 호, 옷 의, 좋을 호, 밥 식

❶ 속뜻 좋은[好] 옷[衣]을 입고 좋은[好] 음식(飮食)을 먹음.
❷ 잘 입고 잘 먹음. 또는 그런 생활. ㉑ 惡衣惡食(악의악식).
【예문】 그동안 호의호식하다가 큰 어려움을 만나게 됐다.

116 각골통한 刻骨痛恨 새길 각, 뼈 골, 아플 통, 한할 한

❶ 속뜻 뼈[骨]에 새겨지도록[刻] 아픈[痛] 원한(怨恨).
❷ 뼈에 사무치는 깊은 원한. ⑪ 刻骨之痛(각골지통).
【예문】 각골통한의 원통함을 잊을 수 있으랴!

117 감불생심 敢不生心 감히 감, 아닐 불, 날 생, 마음 심

❶ 속뜻 감히[敢] 마음[心]을 내지[生] 못함[不].
❷ 조금도 마음에 두지 않음. ⑪ 焉敢生心(언감생심).
【예문】 그런 일은 감불생심 꿈도 못 꾼다.

118 감언이설 甘₄₀言₆₀利₆₂說₅₂ 달 감, 말씀 언, 이로울 리, 말씀 설

❶ 속뜻 달콤한[甘] 말[言]과 이로운[利] 말[說].
❷ 남의 비위를 맞추는 달콤한 말과 이로운 조건만 들어 그럴듯하게 꾸미는 말.
【예문】그는 어떠한 감언이설에도 넘어가지 않는다.

119 거안사위 居₄₀安₇₂思₅₀危₄₀ 살 거, 편안할 안, 생각 사, 두려울 위

❶ 속뜻 편안(便安)하게 살[居] 때 앞으로 닥칠 위험(危險)을 미리 생각함[思].
❷ 미래의 일이나 위험을 미리 대비함.
【예문】거안사위 대비를 잘해야지 방심하면 안된다.

120 경천근민 敬₅₂天₇₀勤₄₀民₈₀ 공경할 경, 하늘 천, 부지런할 근, 백성 민

❶ 속뜻 하늘[天]을 공경(恭敬)하고 백성[民]을 위한 일을 부지런히[勤] 힘씀.
❷ 하늘이 부여한 사명을 경건하게 받아들이고 백성을 위하여 부지런히 노력함.
【예문】공무원은 경천근민하는 마음을 가져야 한다.

121 경천동지 驚₄₀天₇₀動₇₂地₇₀ 놀랄 경, 하늘 천, 움직일 동, 땅 지

❶ 속뜻 하늘[天]이 놀라고[驚] 땅[地]이 움직임[動].
❷ 세상이 몹시 놀라거나 기적 같은 일이 발생함을 이르는 말.
【예문】경천동지할 사건이 터졌다.

122 계란유골 鷄卵有骨 닭계, 알란, 있을유, 뼈골

❶ 속뜻 청렴하기로 소문난 정승이 선물로 받은 달걀[鷄卵]에 뼈[骨]가 있었음[有].

❷ '운수가 나쁜 사람은 모처럼 좋은 기회를 만나도 역시 일이 잘 안됨'을 비유하여 이르는 말.

故事 조선시대 청렴하기로 소문난 황희 정승은 평소에 여벌옷이 없어서 옷이 빨리 마르기를 기다릴 정도였다. 이를 잘 아는 세종대왕은 하루 날을 잡아 그날 사대문 안으로 들어오는 모든 물품을 황희 정승에게 보내라고 명했다. 그런데 그날따라 하필 비바람이 몰아쳐 사대문 안으로 들어오는 장사꾼이 아무도 없었다. 도성 문이 닫힐 무렵 어느 노인이 계란 한 꾸러미를 들고 들어왔다. 황희 정승이 그것을 받아보니 모두 곯아 있어서 먹을 수가 없었다.

【예문】 계란유골일 수도 있으니 항상 주의하여야 한다.

鷄	卵	有	骨	鷄	卵	有	骨

123 고립무원 孤立無援 외로울 고, 설 립, 없을 무, 도울 원

❶ 속뜻 고립(孤立)되어 도움[援]을 받을 데가 없음[無].
❷ 홀로 외톨이가 됨.
【예문】 그들은 고립무원이 되어서도 끝까지 버텼다.

124 고진감래 苦盡甘來 쓸 고, 다할 진, 달 감, 올 래

❶ 속뜻 쓴[苦] 것이 다하면[盡] 단[甘] 것이 옴[來].
❷ 고생 끝에 즐거운 일이 생김. ⊕ 興盡悲來(흥진비래).
【예문】 고진감래라니 힘들지만 참고 열심히 하자.

125 골육상잔 骨40肉42相52殘40 뼈 골, 고기 육, 서로 상, 해칠 잔

❶ **속뜻** 부자(父子)나 형제 등 혈연관계[骨肉]에 있는 사람끼리 서로[相] 해치며[殘] 싸우는 일.

❷ 같은 민족끼리 해치며 싸우는 일. ⑪ 骨肉相爭(골육상쟁), 骨肉相戰(골육상전).

【예문】 골육상잔의 전쟁을 미리 막아야 한다.

骨	肉	相	殘	骨	肉	相	殘

126 구절양장 九80折40羊42腸40 아홉 구, 꺾일 절, 양 양, 창자 장

❶ **속뜻** 아홉[九] 번 꼬부라진[折] 양(羊)의 창자[腸].

❷ '꼬불꼬불하며 험한 산길'을 비유하여 이르는 말.

【예문】 구절양장의 고갯길을 오르다.

九	折	羊	腸	九	折	羊	腸

127 군신유의 君₄₀臣₅₂有₇₀義₄₂ 임금 군, 신하 신, 있을 유, 옳을 의

❶ 속뜻 임금[君]과 신하(臣下) 간에는 의리(義理)가 있어야[有] 함.
❷ 임금과 신하 사이의 도리는 의리에 있음. 오륜(五倫)의 하나.
【예문】 군신유의이니 신하의 도리를 잘 지켜야 한다.

128 근주자적 近₆₀朱₄₀者₆₀赤₅₀ 가까울 근, 붉을 주, 사람 자, 붉을 적

❶ 속뜻 붉은[朱] 것을 가까이[近] 하는 사람[者]은 붉게[赤] 됨.
❷ 사람은 그가 늘 가까이하는 사람에 따라 영향을 받아 변하는 것이니 조심하라는 말.
【예문】 근주자적이니 안 좋은 영향을 받지 않도록 주의해야 한다.

129 금과옥조 金科玉條 쇠 금, 법 과, 구슬 옥, 조목 조

❶ **속뜻** 금(金)이나 옥(玉) 같은 법률의 조목[科]과 조항[條].
❷ 소중히 여기고 꼭 지켜야 할 법률이나 규정. 또는 절대적인 것으로 여기어 지키는 규칙이나 교훈.
【예문】아버지 말씀을 금과옥조처럼 여기고 잘 따랐다.

130 기상천외 奇想天外 이상할 기, 생각할 상, 하늘 천, 밖 외

❶ **속뜻** 기이(奇異)한 생각[想]이 하늘[天] 밖[外]에 이름.
❷ 상상할 수 없을 만큼 생각이 기발하고 엉뚱함.
【예문】기상천외의 사건이 생겼다.

131 낙락장송 落₅₀落₅₀長₈₀松₄₀ 떨어질 락, 떨어질 락, 길 장, 소나무 송

❶ **속뜻** 가지가 축축 늘어질[落落] 정도로 키가 큰[長] 소나무[松].
❷ 매우 크고 우뚝하게 잘 자란 소나무.
【예문】우리 동네 뒷산에는 낙락장송 소나무가 매우 많다.

132 난공불락 難₄₂攻₄₀不₇₂落₅₀ 어려울 난, 칠 공, 아닐 불, 떨어질 락

❶ **속뜻** 공격(攻擊)하기가 어려워[難] 좀처럼 함락(陷落)되지 아니함[不].
❷ 공격하여 무너뜨리기 어려울 만큼 수비가 철저함.
【예문】난공불락의 아성이 내부 분열로 무너졌다.

133 난신적자 亂臣賊子 어지러울 란, 신하 신, 해칠 적, 아들 자

❶ 속뜻 나라를 어지럽히는[亂] 신하(臣下)와 어버이를 해치는[賊] 자식[子].
❷ 못된 신하나 망나니 자식.
【예문】 난신적자를 색출하여 엄하게 벌하였다.

134 대경실색 大驚失色 큰 대, 놀랄 경, 잃을 실, 빛 색

❶ 속뜻 크게[大] 놀라[驚] 얼굴빛[色]이 제 모습을 잃음[失].
❷ 얼굴이 하얗게 변할 정도로 크게 놀람.
【예문】 할머니는 그 이야기를 듣고 대경실색하셨다.

135 대동소이 大₈₀**同**₇₀**小**₈₀**異**₄₀ 큰 대, 같을 동, 작을 소, 다를 이

❶ 속뜻 대체(大體)로 같고[同] 조금[小]만 다름[異].

❷ 서로 큰 차이 없이 비슷비슷함.

【예문】두 제품의 기능이 대동소이하니 가격이 싼 것이 좋겠다.

136 만시지탄 晩₃₂**時**₇₂**之**₃₂**歎**₄₀ 늦을 만, 때 시, 어조사 지, 한숨지을 탄

❶ 속뜻 시기(時期)가 뒤늦었음[晩]을 원통해 하는 탄식(歎息).

❷ 적절한 때를 놓친 것에 대한 한탄. ㉑ 後時之歎(후시지탄).

【예문】만시지탄이라며 크게 후회하였다.

137 명경지수 明₆₂鏡₄₀止₅₀水₈₀ 밝을 명, 거울 경, 그칠 지, 물 수

❶ **속뜻** 밝은[明] 거울[鏡]이 될 만큼 고요하게 멈추어[止] 있는 물[水].
❷ 맑고 고요한 심경(心境).
【예문】욕심을 버리면 명경지수같이 마음이 맑아진다.

138 목불식정 目₆₀不₇₂識₅₂丁₄₀ 눈 목, 아닐 불, 알 식, 고무래 정

❶ **속뜻** 아주 쉬운 '고무래 정'[丁]자도 눈[目]으로 알아보지[識] 못함[不].
❷ 한자를 전혀 모름. 또는 그런 무식한 사람. ⑪ 不識一丁字(불식일정자), 目不知書(목부지서).
【예문】한자를 공부해야 목불식정의 무식을 면할 수 있다.

139 무위도식 無50爲42徒40食72 없을 무, 할 위, 헛될 도, 먹을 식

❶ 속뜻 하는[爲] 일이 없이[無] 헛되이[徒] 먹기[食]만 함.
❷ 일은 하지 않고 공밥만 먹음. ⓑ 遊手徒食(유수도식).
【예문】 무위도식하며 허송세월하면 안 된다.

140 미사여구 美60辭40麗42句42 아름다울 미, 말 사, 고울 려, 글귀 구

❶ 속뜻 아름답게[美] 꾸민 말[辭]과 아름다운[麗] 문구(文句).
❷ 내용은 없으면서 형식만 좋은 말. 또는 그런 표현.
【예문】 미사여구의 문장은 감동을 불러일으키지 못한다.

141 박람강기 博₄₂覽₄₀強₆₀記₇₂ 넓을 박, 볼 람, 굳셀 강, 기록할 기

❶ 속뜻 책을 널리[博] 많이 보고[覽] 잘[强] 기억(記憶)함.
❷ 독서를 많이 하여 아는 것이 많음. ⑪ 博學多識(박학다식).
【예문】 박람강기해야 글을 잘 짓는다.

142 백가쟁명 百₇₀家₇₂爭₅₀鳴₄₀ 일백 백, 사람 가, 다툴 쟁, 울 명

❶ 속뜻 많은[百] 사람들[家]이 다투어[爭] 울어댐[鳴].
❷ 많은 학자나 문화인 등이 자기의 학설이나 주장을 자유롭게 발표, 논쟁, 토론하는 일.
【예문】 백가쟁명의 토론이 벌어졌다.

143 백절불굴 百折不屈 일백 백, 꺾을 절, 아닐 불, 굽을 굴

❶ 속뜻 백(百) 번 꺾여도[折] 굽히지[屈] 않음[不].

❷ 어떠한 어려움에도 굽히지 않음. ⓑ 百折不撓(백절불요).

【예문】 백절불굴의 강인함이 있어야 크게 성공한다.

百	折	不	屈	百	折	不	屈

鹿 사슴 록 deer

144 사필귀정 事$_{72}$**必**$_{52}$**歸**$_{40}$**正**$_{72}$ 일 사, 반드시 필, 돌아갈 귀, 바를 정

❶ 속뜻 모든 일[事]은 반드시[必] 바른[正] 길로 돌아감[歸].
❷ 옳은 것이 결국에는 이김.
【예문】 사필귀정이니 좀 참고 기다려 보자.

145 살신성인 殺$_{42}$**身**$_{62}$**成**$_{62}$**仁**$_{40}$ 죽일 살, 몸 신, 이룰 성, 어질 인

❶ 속뜻 스스로 몸[身]을 죽여[殺] 어진 일[仁]을 이룸[成].
❷ 옳은 일을 위하여 자기 몸을 바침.
【예문】 살신성인의 모범이 되었다.

殺 身 成 仁   殺 身 成 仁

146 선공후사 先₈₀公₆₂後₇₂私₄₀ 먼저 선, 여럿 공, 뒤 후, 사사로울 사

❶ **속뜻** 공(公)적인 일을 먼저[先] 하고 사사로운[私] 일은 뒤[後]로 미룸.
❷ 자기 일은 뒤로 미루고 공적인 일을 먼저 함.
【예문】 공무원은 선공후사하는 마음을 가져야 한다.

147 송구영신 送₄₂舊₅₂迎₄₀新₆₂ 보낼 송, 옛 구, 맞이할 영, 새 신

❶ **속뜻** 묵은해[舊]를 보내고[送] 새해[新]를 맞이함[迎].
❷ 새로운 마음으로 새해를 맞이함.
【예문】 송구영신의 연하장을 써서 선생님께 보냈다.

148 신언서판 身62言60書62判40 몸 신, 말씀 언, 쓸 서, 판가름할 판

❶ 속뜻 중국 당나라 때 관리를 등용하는 시험에서 인물평가의 기준으로 삼았던 몸가짐[身]·말[言]·글씨[書]·판단(判斷), 이상 네 가지. ❷ 인물을 선택하는 데 적용한 네 가지 조건: 신수, 말씨, 문필, 판단력 출처:『唐書』【예문】신언서판이라 했으니, 글씨를 잘 써야 한다.

149 악전고투 惡52戰62苦60鬪40 나쁠 악, 싸울 전, 쓸 고, 싸울 투

❶ 속뜻 매우 열악(劣惡)한 조건에서 고생스럽게[苦] 싸움[戰鬪].
❷ 어려운 여건에서도 힘써 노력함.
【예문】악전고투 끝에 결국은 승리했다.

150 약방감초 藥₆₂房₄₂甘₄₀草₇₀ 약 약, 방 방, 달 감, 풀 초

❶ 속뜻 한약방(韓藥房)에서 어떤 처방이나 다 들어가는 감초(甘草).
❷ '모임마다 불쑥불쑥 잘 나타나는 사람', 또는 '흔하게 보이는 물건'을 비유하여 이르는 말.
【예문】 그는 약방감초같이 어디 모임에도 빠지지 않는다.

151 언중유골 言₆₀中₈₀有₇₀骨₄₀ 말씀 언, 가운데 중, 있을 유, 뼈 골

❶ 속뜻 말[言] 가운데[中]에 뼈[骨]가 있음[有].
❷ 예사로운 말 속에 깊은 속뜻이 들어 있음.
【예문】 언중유골이니 남이 하는 말의 속뜻을 잘 알아야 한다.

152 **여필종부** 女80必50從40夫70 여자 녀, 반드시 필, 좇을 종, 지아비 부

❶ 속뜻 아내[女]는 반드시[必] 남편[夫]을 따라야 함[從].
❷ 아내는 남편의 의견을 잘 따라야 함.
【예문】 여필종부하던 옛날에는 모든 책임을 남자가 다 졌다.

153 **연목구어** 緣40木80求42魚50 좇을 연, 나무 목, 구할 구, 물고기 어

❶ 속뜻 나무[木]에 올라가서[緣] 물고기[魚]를 구(求)하려 함.
❷ '도저히 불가능한 일을 하려 함'을 비유하여 이르는 말. 출처:『孟子』 비 上山求魚(상산구어).
【예문】 그렇게 하는 것은 연목구어하는 것 같이 어리석은 일이다.

154 오곡백과 五穀百果 다섯 오, 곡식 곡, 일백 백, 열매 과

❶ 속뜻 다섯[五] 가지 곡식(穀食)과 백(百)가지 과일[果].
❷ 여러 종류의 곡식과 과일에 대한 총칭.
【예문】 오곡백과가 무르익는 가을이 왔다.

155 옥골선풍 玉骨仙風 옥 옥, 뼈 골, 신선 선, 모습 풍

❶ 속뜻 옥(玉) 같이 귀한 골격(骨格)과 신선(神仙) 같은 풍채(風采).
❷ 귀티가 나고 신선 같이 깔끔한 풍채.
【예문】 옥골선풍을 지닌 그가 여러 사람의 시선을 끌었다.

156 위기일발 危40機40一80髮40 위태할 위, 때 기, 한 일, 터럭 발

❶ 속뜻 머리털[髮] 하나[一]에 매달려 있어 곧 떨어질 것 같은 위기(危機).
❷ '당장에라도 끊어질듯 한 위태로운 순간'을 형용하는 말. ⑪ 危如一髮(위여일발).
【예문】위기일발의 상황에서도 그는 대단히 침착했다.

157 유유상종 類52類52相52從40 비슷할 류, 무리 류, 서로 상, 좇을 종

❶ 속뜻 비슷한[類] 종류(種類)끼리 서로[相] 친하게 따름[從].
❷ 비슷한 사람들끼리 서로 친하게 지냄.
【예문】유유상종이니 사람은 친구를 보면 그의 됨됨이를 알 수 있다.

158 이구동성 異₄₀口₇₀同₇₀聲₄₂ 다를 이, 입 구, 같을 동, 소리 성

❶ **속뜻** 각기 다른[異] 입[口]에서 같은[同] 소리[聲]를 냄.
❷ 여러 사람의 말이 한결같음. **비** 異口同音(이구동음)
【예문】이구동성으로 그를 칭찬하였다.

159 이란격석 以₅₂卵₄₀擊₄₀石₆₀ 으로 이, 알 란, 칠 격, 돌 석

❶ **속뜻** 계란(鷄卵)으로[以] 돌[石]을 침[擊].
❷ '아무리 하여도 소용없는 일'을 비유하는 말.
【예문】그렇게 하는 것은 이란격석하는 격이다.

160 이용후생 利₆₂**用**₆₂**厚**₄₀**生**₈₀ 이로울 리, 쓸 용, 두터울 후, 살 생

❶ 속뜻 기구를 편리(便利)하게 잘 쓰고[用] 먹을 것과 입을 것을 넉넉하게[厚] 하여
   삶[生]의 질을 개선함.
❷ 국민의 생활을 개선함. 【예문】 이용후생하는 정신으로 과학을 탐구하였다.

161 이합집산 離₄₀**合**₆₀**集**₆₂**散**₄₀ 떨어질 리, 합할 합, 모일 집, 흩어질 산

❶ 속뜻 헤어졌다[離] 합치고[合] 모였다[集] 흩어졌다[散]함.
❷ 헤어졌다 모였다 함.
【예문】 정치인들의 이합집산은 흔히 있는 일이다.

162 일각천금 一刻千金 한 일, 시각 각, 일천 천, 쇠 금

❶ 속뜻 15분[一刻]같이 짧은 시간도 천금(千金)과 같이 귀중함.
❷ 짧은 시간도 귀하게 여겨 헛되이 보내지 않아야 함.
【예문】 바쁘다 보니 일각천금이란 말이 실감 났다.

163 일벌백계 一罰百戒 한 일, 벌할 벌, 일백 백, 주의할 계

❶ 속뜻 첫[一] 번째 죄인을 엄하게 벌(罰)함으로써 후에 백(百) 사람이 그런 죄를 경계(警戒)하여 짓지 않도록 함. ❷ 다른 사람들에게 경각심을 불러일으키기 위하여 본보기로 첫 번째 죄인을 엄하게 처벌함.【예문】 일벌백계로 엄하게 다스려야 기강이 바로잡힌다.

164 일사불란 一₈₀絲₄₂不₇₂亂₄₀ 한 일, 실 사, 아니 불, 어지러울 란

❶ 속뜻 한[一] 줄의 실[絲]같이 흐트러지지[亂] 않음[不].
❷ 질서나 체계 따위가 조금도 흐트러진 데가 없음을 비유하여 이르는 말.
【예문】명령이 떨어지자 군인들은 일사불란하게 움직였다.

165 일희일비 一₈₀喜₄₀一₈₀悲₄₂ 한 일, 기쁠 희, 한 일, 슬플 비

❶ 속뜻 한[一] 번은 슬픈[悲] 일이, 한[一] 번은 기쁜[喜] 일이 생김.
❷ 슬픔과 기쁨이 번갈아 나타남.
【예문】작은 일로 일희일비하면 큰일을 못 한다.

166 자화자찬 自₇₂畫₆₀自₇₂讚₄₀ 스스로 자, 그림 화, 스스로 자, 기릴 찬

❶ **속뜻** 자기(自己)가 그린 그림[畫]을 스스로[自] 칭찬(稱讚)함.

❷ 자기가 한 일을 자기 스스로 자랑함. ㉣ 自畫讚(자화찬)

【예문】자화자찬은 남들의 비난을 받기 쉽다.

167 장삼이사 張₄₀三₈₀李₆₀四₈₀ 성씨 장, 석 삼, 성씨 리, 넉 사

❶ **속뜻** 장삼(張三)이라는 사람과 이사(李四)라는 사람.

❷ 평범한 보통 사람을 이르는 말. ㉫ 甲男乙女(갑남을녀).

【예문】장삼이사 같은 평범한 사람들이 다 모였다.

168 적재적소 適材適所 알맞을 적, 재목 재, 알맞을 적, 곳 소

❶ 속뜻 알맞은[適] 재목(材木)을 알맞은[適] 곳[所]에 씀.
❷ 사람이나 사물을 제격에 맞게 잘 씀.
【예문】 인재를 적재적소에 잘 배치해야 회사가 잘 된다.

169 주마간산 走馬看山 달릴 주, 말 마, 볼 간, 메 산

❶ 속뜻 달리는[走] 말[馬] 위에서 산천(山川)을 구경함[看].
❷ 이것저것을 천천히 살펴볼 틈이 없이 바삐 서둘러 대강대강 보고 지나침.
【예문】 일정이 빠듯하여 주마간산으로 대충 보고 지나갔다.

170 진충보국 盡忠報國 다할 진, 충성 충, 갚을 보, 나라 국

盡40 忠42 報42 國80

❶ **속뜻** 충성(忠誠)을 다하여서[盡] 나라[國]의 은혜를 갚음[報].

❷ 나라를 위하여 충성을 다함. ⑪ 竭忠報國(갈충보국).

【예문】 이순신 장군은 진충보국의 정신이 투철하였다.

盡	忠	報	國	盡	忠	報	國

家 집 가 house

171 천려일득 千₇₀慮₄₀一₈₀得₄₂ 일천 천, 생각할 려, 한 일, 얻을 득

❶ 속뜻 천(千) 번을 생각하다보면[慮] 하나[一] 정도는 얻을[得] 수도 있음.
❷ 아무리 어리석은 사람일지라도 많은 생각을 하다보면 한 가지쯤은 좋은 방법을 찾을 수 있음.
　반 千慮一失(천려일실). 【예문】 어리석은 사람도 천려일득이 있을 수 있다.

172 천려일실 千₇₀慮₄₀一₈₀失₆₀ 일천 천, 생각할 려, 한 일, 잃을 실

❶ 속뜻 천(千) 번을 생각하더라도[慮] 하나[一] 정도는 잃을[失] 수도 있음.
❷ 아무리 슬기로운 사람일지라도 많은 생각을 하다 보면 한 가지쯤은 실책이 있게 마련임.
　반 千慮一得(천려일득). 【예문】 명석한 사람도 천려일실이 있을 수 있으니 늘 조심해야 한다.

千　慮　一　失　　千　慮　一　失

173 천생연분 天生緣分 하늘 천, 날 생, 인연 연, 나눌 분

❶ 속뜻 하늘[天]에서 생겨난[生] 연분(緣分).
❷ 하늘이 맺어준 인연. ⑪ 天生因緣(천생인연), 天定緣分(천정연분).
【예문】마을 사람들이 그 부부는 천생연분이라고 칭찬한다.

174 천재일우 千載一遇 일천 천, 실을 재, 한 일, 만날 우

❶ 속뜻 천년[千載] 만에 한[一] 번 맞이함[遇].
❷ 좀처럼 만나기 어려운 기회.
【예문】천재일우의 기회이니 놓치지 말아야 한다.

175 천차만별 千70差40萬80別60 일천 천, 어긋날 차, 일만 만, 나눌 별

❶ 속뜻 천(千) 가지 차이(差異)와 만(萬) 가지 구별(區別).
❷ 서로 크고 많은 차이점이 있음.
【예문】 사람들의 생각은 천차만별이다.

176 천편일률 千70篇40一80律42 일천 천, 책 편, 한 일, 가락 률

❶ 속뜻 천(千) 편(篇)의 시가 하나[一]의 음률(音律)로 되어 있음.
❷ 개별적인 특성이 없이 모두 엇비슷함.
【예문】 천편일률 큰 차이가 없다.

177 허장성세 虛₄₂張₄₀聲₄₂勢₄₂ 빌 허, 베풀 장, 소리 성, 기세 세

❶ **속뜻** 헛된[虛] 말을 펼치며[張] 큰 소리[聲]만 치는 기세(氣勢).

❷ 실력이 없으면서 허세(虛勢)만 떨침.

【예문】 허장성세하는 사람은 믿음을 얻지 못한다.

178 회자정리 會₆₂者₆₀定₆₀離₄₀ 모일 회, 사람 자, 반드시 정, 떨어질 리

❶ **속뜻** 만난[會] 사람[者]은 언젠가는 헤어지도록[離] 운명이 정(定)해져 있음.

❷ '인생의 무상함'을 비유하여 이르는 말.

【예문】 회자정리라고는 하지만 이별을 하자니 눈물이 앞선다.

179 흥진비래 興盡悲來 ₄₂₄₀₄₂₇₀ 일어날 흥, 다할 진, 슬플 비, 올 래

❶ 속뜻 즐거운[興] 일이 다하면[盡] 슬픈[悲] 일이 닥침[來].
❷ 기쁨과 슬픔이 교차함. 🕪 苦盡甘來(고진감래).
【예문】흥진비래라니 기쁨을 꾹 참고 조용히 있었다.

180 가인박명 佳人薄命 ₃₂₈₀₃₂₇₀ 아름다울 가, 사람 인, 엷을 박, 운명 명

❶ 속뜻 아름다운[佳] 사람[人]은 기박(奇薄)한 운명(運命)을 타고남.
❷ 미인은 대개 불행하다는 말.
【예문】가인박명이라고 하지만 평생 행복하게 잘 지낸 여인도 많다.

佳 人 薄 命   佳 人 薄 命

181 각골명심 刻骨銘心 새길 각, 뼈 골, 새길 명, 마음 심

❶ **속뜻** 뼈[骨]에 새기고[刻] 마음[心]에 아로새겨[銘] 둠.

❷ 마음에 깊이 새겨서 영원히 잊지 않도록 함.

【예문】선생님의 은혜를 각골명심하겠습니다.

182 감지덕지 感之德之 느낄 감, 어조사 지, 베풀 덕, 어조사 지

❶ **속뜻** 감사(感謝)하고 은덕(恩德)으로 여김.

❷ 분에 넘치는 것 같아서 매우 고맙게 여기는 모양.

【예문】사고를 당해 살아남은 것 만해도 감지덕지해 하다.

183 갑남을녀 甲40男72乙32女80 천간 갑, 사내 남, 천간 을, 여자 녀

❶ 속뜻 갑(甲)이라는 남자(男子)와 을(乙)이라는 여자(女子).
❷ 평범한 보통 사람들. 🄱 張三李四(장삼이사).
【예문】 평범한 갑남을녀라지만 인정은 참으로 많다.

184 개과천선 改50過52遷32善50 고칠 개, 지나칠 과, 바뀔 천, 착할 선

❶ 속뜻 잘못[過]을 고치어[改] 착한[善] 마음으로 바꿈[遷].
❷ 허물을 고치고 옳은 길로 들어섬.
【예문】 벌을 받은 이후로 개과천선하여 새사람이 되었다.

11

185 개세지재 蓋世之才 덮을 개, 세상 세, 어조사 지, 재주 재

❶ **속뜻** 온 세상(世上)을 뒤덮을[蓋] 만큼 뛰어난 재능(才能).
❷ 세상을 마음대로 다스릴 만한 뛰어난 재능. 또는 그런 재능을 지닌 사람.
【예문】 어리지만 개세지재라고 다들 칭찬한다.

186 격세지감 隔世之感 사이 뜰 격, 세대 세, 어조사 지, 느낄 감

❶ **속뜻** 세대(世代)가 크게 차이나는[隔] 느낌[感].
❷ 많은 진보와 변화를 겪어서 딴 세상처럼 여겨지는 느낌. ㉗ 隔世感(격세감).
㉑ 今昔之感(금석지감).【예문】 세월이 많이 흘러 격세지감을 느끼게 된다.

111

187 견마지로 犬馬之勞 개 견, 말 마, 어조사 지, 일할 로

❶ 속뜻 개[犬]나 말[馬] 정도의 하찮은 힘[勞].
❷ 윗사람에게 충성을 다하는 자신의 노력을 낮추어 이르는 말.
【예문】은혜를 갚기 위하여 견마지로를 다 하겠습니다.

188 견인불발 堅忍不拔 굳을 견, 참을 인, 아닐 불, 뽑을 발

❶ 속뜻 마음이 굳고[堅] 참을성[忍]이 있어서 뽑히지[拔] 아니함[不].
❷ 마음이 굳어 흔들리지 아니함.
【예문】견인불발한 결과 오늘의 영광이 있게 되었습니다.

| 堅 | 忍 | 不 | 拔 | 堅 | 忍 | 不 | 拔 |

189 결자해지 結者解之 맺을 결, 사람 자, 풀 해, 그것 지

❶ **속뜻** 맺은[結] 사람[者]이 그것을[之] 풀어야[解] 함.
❷ 일을 저지른 사람이 그 일을 해결해야 함.
【예문】결자해지란 말이 있듯이 일을 저지른 두 사람이 해결하라!

結	者	解	之	結	者	解	之

犬 개 견 dog

190 겸인지용 兼₃₂人₈₀之₃₂勇₆₂ 겸할 겸, 사람 인, 어조사 지, 날쌜 용

❶ **속뜻** 다른 사람[人] 몫까지 겸(兼)하여 감당할 수 있는 용기(勇氣).
❷ 혼자서 능히 몇 사람을 당해 낼만한 용기.
【예문】 그의 겸인지용이 참으로 부럽다.

191 경거망동 輕₅₀擧₅₀妄₃₂動₇₂ 가벼울 경, 들 거, 헛될 망, 움직일 동

❶ **속뜻** 가벼이[輕] 몸을 들거나[擧] 함부로[妄] 움직임[動].
❷ 경솔하게 함부로 행동함.
【예문】 경거망동하면 자기만 손해를 본다.

11

192 경국지색 傾國之色 기울 경, 나라 국, 어조사 지, 빛 색

❶ **속뜻** 나라[國]를 기울게[傾] 할 정도의 미색(美色).
❷ 국정을 게을리 함으로써 나라가 위태로워질 정도로 임금을 홀리는 미녀. ⑪ 傾城之色(경성지색).
【예문】 역사상 경국지색의 미녀가 많았다.

193 고군분투 孤軍奮鬪 외로울 고, 군사 군, 떨칠 분, 싸울 투

❶ **속뜻** 수적으로 적어 외로운[孤] 군대(軍隊)이지만 용맹을 떨치며[奮] 싸움[鬪].
❷ 적은 인원으로 어려운 일을 악착스럽게 해냄.
【예문】 고군분투한 끝에 이기고 돌아왔다.

194 고대광실 高₆₂臺₃₂廣₅₂室₈₀ 높을 고, 돈대 대, 넓을 광, 집 실

❶ 속뜻 높은[高] 돈대[臺] 위에 넓게[廣] 지은 집[室].
❷ 규모가 굉장히 크고 높고 넓게 잘 지은 집.
【예문】고대광실에 살아도 걱정거리는 끊이지 않는다.

195 고식지계 姑₃₂息₄₂之₃₂計₆₂ 잠시 고, 숨쉴 식, 어조사 지, 꾀 계

❶ 속뜻 잠시[姑] 숨 쉴[息] 틈을 얻기 위한 계책(計策).
❷ 근본적인 해결책이 아니라 임시 변통을 위한 대책.
【예문】그것은 고식지계에 불과하니 영원한 대책을 세워야 한다.

196 고육지책 苦60肉42之32策32 괴로울 고, 고기 육, 어조사 지, 꾀 책

❶ 속뜻 자신의 살[肉]을 오려내는 괴로움[苦]을 무릅쓰는 계책(計策).
❷ 자기 희생까지도 무릅쓸 정도로 애써 꾸민 계책. 준 苦肉策(고육책). 비 苦肉之計(고육지계).
【예문】 고육지책의 자기희생으로 전쟁에서 이기게 됐다.

197 고장난명 孤40掌32難42鳴40 홀로 고, 손바닥 장, 어려울 난, 울 명

❶ 속뜻 한[孤] 손[掌]으로는 쳐서 울리게 하기[鳴] 어려움[難].
❷ '혼자서는 일을 이루기 어려움'을 비유하여 이르는 말. 출처:『傳燈錄』 비 獨掌不鳴(독장불명).
【예문】 고장난명이니 혼자서는 할 수 없다. 우리 둘이 힘을 합쳐보자.

198 곡학아세 曲₅₀學₈₀阿₃₂世₇₂ 굽을 곡, 배울 학, 아첨할 아, 세상 세

❶ 속뜻 곧지 않고 굽은[曲] 학문(學問)으로 세상(世上)에 아부(阿附)함.
❷ 바른 길에서 벗어난 학문으로 권력자에게 아첨하여 출세를 꾀함.
【예문】곡학아세하여 출세해봤자 헛일이다.

199 과유불급 過₅₂猶₃₂不₇₂及₃₂ 지날 과, 같을 유 , 아닐 불, 미칠 급

❶ 속뜻 지나침[過]은 미치지[及] 못함[不]과 같음[猶].
❷ 중용(中庸)이 중요함을 이르는 말.
【예문】과유불급이니 지나쳐서 좋을 게 없다.

200 교언영색 巧₃₂言₆₀令₅₂色₇₀ 꾸밀 교, 말씀 언, 좋을 령, 빛 색

❶ **속뜻** 듣기 좋게 꾸며낸[巧] 말[言]과 보기 좋게[令] 가꾼 안색(顔色).

❷ 아첨하는 말과 알랑거리는 태도.

【예문】 교언영색하는 사람을 싫어하다.

牛 소 우 COW

부록 1
초등 사자성어 요약표

사 자성어는 언어의 품격을 올려주며 간단명료한 표현력의 상징입니다. 본문에서는 초등학생용 사자성어 200개를 읽고 쓰는 용도로 편집했습니다. 이러한 속뜻풀이는 각 성어의 깊은 의미와 예문을 통하여 누구나 쉽게 익힐 수 있습니다. 그러나 그것을 모두 다 외울 수는 없습니다. 반드시 알아두고 꼭꼭 기억해야 할 것은 바로 '속뜻 훈음'입니다. 전체를 읽고 외우기 쉽도록 가장 중요한 내용만 남겨서 〈사자성어 요약표〉를 편집하였습니다. 이 자료는 본문과 같이 배열되어 있습니다 (일련번호 동일). 차례대로 "십중팔구: 열 십, 가운데 중, 여덟 팔, 아홉 구" 라고 1부터 200까지 여러 번 반복해서 읽다 보면 200개 사자성어가 머리에 쏙쏙 박힙니다. 예전에 〈천자문〉(千字文)을 공부할 때, "천지현황(天地玄黃): 하늘 천, 땅 지, 검을 현, 누를 황" 이런 방식으로 읽는 것과 똑같은 원리입니다. 이렇게 여러 번 읽다 보면 어휘력은 물론 한자력도 저절로 향상됩니다. 나아가 고품격 한국어의 기초와 문해력의 기반이 다져질 것입니다.

001 十中八九
열 십, 가운데 중, 여덟 팔, 아홉 구

002 東問西答
동녘 동, 물을 문, 서녘 서, 답할 답

003 安心立命
편안할 안, 마음 심, 설 립, 목숨 명

004 一日三秋
한 일, 날 일, 석 삼, 가을 추

005 樂山樂水
좋아할 요, 메 산, 좋아할 요, 물 수

006 百年大計
일백 백, 해 년, 큰 대, 꾀 계

007 白面書生
흰 백, 낯 면, 글 서, 사람 생

008 作心三日
지을 작, 마음 심, 석 삼, 날 일

009 九死一生
아홉 구, 죽을 사, 한 일, 날 생

010 **同苦同樂**
함께 동, 쓸 고, 함께 동, 즐길 락

011 **門前成市**
대문 문, 앞 전, 이룰 성, 시장 시

012 **百戰百勝**
일백 백, 싸울 전, 일백 백, 이길 승

013 **不遠千里**
아니 불, 멀 원, 일천 천, 거리 리

014 **人命在天**
사람 인, 목숨 명, 있을 재, 하늘 천

015 **電光石火**
번개 전, 빛 광, 돌 석, 불 화

016 **八方美人**
여덟 팔, 모 방, 아름다울 미, 사람 인

017 **花朝月夕**
꽃 화, 아침 조, 달 월, 저녁 석

018 **見物生心**
볼 견, 만물 물, 날 생, 마음 심

019 **敬天愛人**
공경할 경, 하늘 천, 사랑 애, 사람 인

020 **多才多能**
많을 다, 재주 재, 많을 다, 능할 능

021 **良藥苦口**
좋을 량, 약 약, 쓸 고, 입 구

022 **萬古不變**
일만 만, 옛 고, 아니 불, 변할 변

023 **無不通知**
없을 무, 아닐 불, 통할 통, 알 지

024 **聞一知十**
들을 문, 한 일, 알 지, 열 십

025 **北窓三友**
북녘 북, 창문 창, 석 삼, 벗 우

026 **安分知足**
편안할 안, 나눌 분, 알 지, 넉넉할 족

027 **語不成說**
말씀 어, 아니 불, 이룰 성, 말씀 설

028 **雨順風調**
비 우, 따를 순, 바람 풍, 고를 조

029 **有名無實**
있을 유, 이름 명, 없을 무, 실제 실

030 **以心傳心**
써 이, 마음 심, 전할 전, 마음 심

031 **主客一體**
주인 주, 손 객, 한 일, 몸 체

032 **格物致知**
바로잡을 격, 만물 물, 이를 치, 알 지

033 **教學相長**
가르칠 교, 배울 학, 서로 상, 자랄 장

034 **今始初聞**
이제 금, 비로소 시, 처음 초, 들을 문

035 **落木寒天**
떨어질 락, 나무 목, 찰 한, 하늘 천

036 **落花流水**
떨어질 락, 꽃 화, 흐를 류, 물 수

037 能小能大
능할 능, 작을 소, 능할 능, 큰 대

038 馬耳東風
말 마, 귀 이, 동녘 동, 바람 풍

039 百年河淸
일백 백, 해 년, 물 하, 맑을 청

040 不問可知
아니 불, 물을 문, 가히 가, 알 지

041 不問曲直
아니 불, 물을 문, 굽을 곡, 곧을 직

042 有口無言
있을 유, 입 구, 없을 무, 말씀 언

043 前無後無
앞 전, 없을 무, 뒤 후, 없을 무

044 朝變夕改
아침 조, 변할 변, 저녁 석, 고칠 개

045 秋風落葉
가을 추, 바람 풍, 떨어질 락, 잎 엽

046 角者無齒
뿔 각, 사람 자, 없을 무, 이 치

047 江湖煙波
강 강, 호수 호, 연기 연, 물결 파

048 見利思義
볼 견, 이로울 리, 생각할 사, 옳을 의

049 結草報恩
맺을 결, 풀 초, 갚을 보, 은혜 은

050 經世濟民
다스릴 경, 세상 세, 건질 제, 백성 민

051 空前絶後
빌 공, 앞 전, 끊을 절, 뒤 후

052 九牛一毛
아홉 구, 소 우, 한 일, 털 모

053 權謀術數
권세 권, 꾀할 모, 꾀 술, 셀 수

054 權不十年
권세 권, 아닐 불, 열 십, 해 년

055 極惡無道
다할 극, 악할 악, 없을 무, 길 도

056 起死回生
일어날 기, 죽을 사, 돌아올 회, 살 생

057 難兄難弟
어려울 난, 맏 형, 어려울 난, 아우 제

058 怒發大發
성낼 노, 일으킬 발, 큰 대, 일으킬 발

059 論功行賞
논할 론, 공로 공, 행할 행, 상줄 상

060 多多益善
많을 다, 많을 다, 더할 익, 좋을 선

061 獨不將軍
홀로 독, 아닐 불, 장수 장, 군사 군

062 燈下不明
등불 등, 아래 하, 아닐 불, 밝을 명

063 燈火可親
등불 등, 불 화, 가히 가, 친할 친

064 無所不爲
없을 무, 것 소, 아닐 불, 할 위

065 博學多識
넓을 박, 배울 학, 많을 다, 알 식

066 百戰老將
일백 백, 싸울 전, 늙을 노, 장수 장

067 伯仲之勢
맏 백, 버금 중, 어조사 지, 기세 세

068 富貴在天
넉넉할 부, 귀할 귀, 있을 재, 하늘 천

069 夫婦有別
남편 부, 아내 부, 있을 유, 나눌 별

070 非一非再
아닐 비, 한 일, 아닐 비, 두 재

071 貧者一燈
가난할 빈, 사람 자, 한 일, 등불 등

072 死生決斷
죽을 사, 살 생, 결정할 결, 끊을 단

073 生不如死
날 생, 아닐 불, 같을 여, 죽을 사

074 說往說來
말씀 설, 갈 왕, 말씀 설, 올 래

075 是是非非
옳을 시, 옳을 시, 아닐 비, 아닐 비

076 始終如一
처음 시, 끝 종, 같을 여, 한 일

077 信賞必罰
믿을 신, 상줄 상, 반드시 필, 벌줄 벌

078 實事求是
실제 실, 일 사, 구할 구, 옳을 시

079 安貧樂道
편안할 안, 가난할 빈, 즐길 락, 길 도

080 眼下無人
눈 안, 아래 하, 없을 무, 사람 인

081 弱肉強食
약할 약, 고기 육, 굳셀 강, 먹을 식

082 魚東肉西
물고기 어, 동녘 동, 고기 육, 서녘 서

083 言語道斷
말씀 언, 말씀 어, 길 도, 끊을 단

084 如出一口
같을 여, 날 출, 한 일, 입 구

085 連戰連勝
이을 련, 싸움 전, 이을 련, 이길 승

086 溫故知新
익힐 온, 옛 고, 알 지, 새 신

087 右往左往
오른 우, 갈 왕, 왼 좌, 갈 왕

088 牛耳讀經
소 우, 귀 이, 읽을 독, 책 경

089 有備無患
있을 유, 갖출 비, 없을 무, 근심 환

090 以熱治熱
써 이, 더울 열, 다스릴 치, 더울 열

091 **因果應報**
까닭 인, 열매 과, 응할 응, 갚을 보

092 **人死留名**
사람 인, 죽을 사, 머무를 류, 이름 명

093 **一擧兩得**
한 일, 들 거, 둘 량, 얻을 득

094 **一脈相通**
한 일, 맥 맥, 서로 상, 통할 통

095 **一石二鳥**
한 일, 돌 석, 두 이, 새 조

096 **一言半句**
한 일, 말씀 언, 반 반, 글귀 구

097 **一衣帶水**
한 일, 옷 의, 띠 대, 물 수

098 **日就月將**
날 일, 이룰 취, 달 월, 나아갈 장

099 **一波萬波**
한 일, 물결 파, 일만 만, 물결 파

100 **自業自得**
스스로 자, 일 업, 스스로 자, 얻을 득

101 **自初至終**
부터 자, 처음 초, 이를 지, 끝 종

102 **自強不息**
스스로 자, 굳셀 강, 아니 불, 쉴 식

103 **鳥足之血**
새 조, 발 족, 어조사 지, 피 혈

104 **種豆得豆**
심을 종, 콩 두, 얻을 득, 콩 두

105 **竹馬故友**
대나무 죽, 말 마, 옛 고, 벗 우

106 **衆口難防**
무리 중, 입 구, 어려울 난, 막을 방

107 **至誠感天**
이를 지, 진심 성, 느낄 감, 하늘 천

108 **進退兩難**
나아갈 진, 물러날 퇴, 두 량, 어려울 난

109 **天人共怒**
하늘 천, 사람 인, 함께 공, 성낼 노

110 **寸鐵殺人**
마디 촌, 쇠 철, 죽일 살, 사람 인

111 **出將入相**
날 출, 장수 장, 들 입, 재상 상

112 **忠言逆耳**
충성 충, 말씀 언, 거스를 역, 귀 이

113 **卓上空論**
탁자 탁, 위 상, 빌 공, 논할 론

114 **風前燈火**
바람 풍, 앞 전, 등불 등, 불 화

115 **好衣好食**
좋을 호, 옷 의, 좋을 호, 밥 식

116 **刻骨痛恨**
새길 각, 뼈 골, 아플 통, 한할 한

117 **敢不生心**
감히 감, 아닐 불, 날 생, 마음 심

118 **甘言利說**
달 감, 말씀 언, 이로울 리, 말씀 설

119 **居安思危**
살 거, 편안할 안, 생각 사, 두려울 위

120 **敬天勤民**
공경할 경, 하늘 천, 부지런할 근, 백성 민

121 **驚天動地**
놀랄 경, 하늘 천, 움직일 동, 땅 지

122 **鷄卵有骨**
닭 계, 알 란, 있을 유, 뼈 골

123 **孤立無援**
외로울 고, 설 립, 없을 무, 도울 원

124 **苦盡甘來**
쓸 고, 다할 진, 달 감, 올 래

125 **骨肉相殘**
뼈 골, 고기 육, 서로 상, 해칠 잔

126 **九折羊腸**
아홉 구, 꺾일 절, 양 양, 창자 장

127 **君臣有義**
임금 군, 신하 신, 있을 유, 옳을 의

128 **近朱者赤**
가까울 근, 붉을 주, 사람 자, 붉을 적

129 **金科玉條**
쇠 금, 법 과, 구슬 옥, 조목 조

130 **奇想天外**
이상할 기, 생각할 상, 하늘 천, 밖 외

131 **落落長松**
떨어질 락, 떨어질 락, 길 장, 소나무 송

132 **難攻不落**
어려울 난, 칠 공, 아닐 불, 떨어질 락

133 **亂臣賊子**
어지러울 란, 신하 신, 해칠 적, 아들 자

134 **大驚失色**
큰 대, 놀랄 경, 잃을 실, 빛 색

135 **大同小異**
큰 대, 같을 동, 작을 소, 다를 이

136 **晩時之歎**
늦을 만, 때 시, 어조사 지, 한숨지을 탄

137 **明鏡止水**
밝을 명, 거울 경, 그칠 지, 물 수

138 **目不識丁**
눈 목, 아닐 불, 알 식, 고무래 정

139 **無爲徒食**
없을 무, 할 위, 헛될 도, 먹을 식

140 **美辭麗句**
아름다울 미, 말 사, 고울 려, 글귀 구

141 **博覽強記**
넓을 박, 볼 람, 굳셀 강, 기록할 기

142 **百家爭鳴**
일백 백, 사람 가, 다툴 쟁, 울 명

143 **百折不屈**
일백 백, 꺾을 절, 아닐 불, 굽을 굴

144 **事必歸正**
일 사, 반드시 필, 돌아갈 귀, 바를 정

145 殺身成仁
죽일 살, 몸 신, 이룰 성, 어질 인

146 先公後私
먼저 선, 여럿 공, 뒤 후, 사사로울 사

147 送舊迎新
보낼 송, 옛 구, 맞이할 영, 새 신

148 身言書判
몸 신, 말씀 언, 쓸 서, 판가름할 판

149 惡戰苦鬪
나쁠 악, 싸울 전, 쓸 고, 싸울 투

150 藥房甘草
약 약, 방 방, 달 감, 풀 초

151 言中有骨
말씀 언, 가운데 중, 있을 유, 뼈 골

152 女必從夫
여자 녀, 반드시 필, 좇을 종, 지아비 부

153 緣木求魚
좇을 연, 나무 목, 구할 구, 고기 어

154 五穀百果
다섯 오, 곡식 곡, 일백 백, 열매 과

155 玉骨仙風
옥 옥, 뼈 골, 신선 선, 모습 풍

156 危機一髮
위태할 위, 때 기, 한 일, 터럭 발

157 類類相從
비슷할 류, 무리 류, 서로 상, 좇을 종

158 異口同聲
다를 이, 입 구, 같을 동, 소리 성

159 以卵擊石
으로 이, 알 란, 칠 격, 돌 석

160 利用厚生
이로울 리, 쓸 용, 두터울 후, 살 생

161 離合集散
떨어질 리, 합할 합, 모일 집, 흩어질 산

162 一刻千金
한 일, 시각 각, 일천 천, 쇠 금

163 一罰百戒
한 일, 벌할 벌, 일백 백, 주의할 계

164 一絲不亂
한 일, 실 사, 아니 불, 어지러울 란

165 一喜一悲
한 일, 기쁠 희, 한 일, 슬플 비

166 自畵自讚
스스로 자, 그림 화, 스스로 자, 기릴 찬

167 張三李四
성씨 장, 석 삼, 성씨 리, 넉 사

168 適材適所
알맞을 적, 재목 재, 알맞을 적, 곳 소

169 走馬看山
달릴 주, 말 마, 볼 간, 메 산

170 盡忠報國
다할 진, 충성 충, 갚을 보, 나라 국

171 千慮一得
일천 천, 생각할 려, 한 일, 얻을 득

172 **千慮一失**
일천 천, 생각할 려, 한 일, 잃을 실

173 **天生緣分**
하늘 천, 날 생, 인연 연, 나눌 분

174 **千載一遇**
일천 천, 실을 재, 한 일, 만날 우

175 **千差萬別**
일천 천, 어긋날 차, 일만 만, 나눌 별

176 **千篇一律**
일천 천, 책 편, 한 일, 가락 률

177 **虛張聲勢**
빌 허, 베풀 장, 소리 성, 기세 세

178 **會者定離**
모일 회, 사람 자, 반드시 정, 떨어질 리

179 **興盡悲來**
일어날 흥, 다할 진, 슬플 비, 올 래

180 **佳人薄命**
아름다울 가, 사람 인, 엷을 박, 운명 명

181 **刻骨銘心**
새길 각, 뼈 골, 새길 명, 마음 심

182 **感之德之**
느낄 감, 어조사 지, 베풀 덕, 어조사 지

183 **甲男乙女**
천간 갑, 사내 남, 천간 을, 여자 녀

184 **改過遷善**
고칠 개, 지나칠 과, 바뀔 천, 착할 선

185 **蓋世之才**
덮을 개, 세상 세, 어조사 지, 재주 재

186 **隔世之感**
사이 뜰 격, 세대 세, 어조사 지, 느낄 감

187 **犬馬之勞**
개 견, 말 마, 어조사 지, 일할 로

188 **堅忍不拔**
굳을 견, 참을 인, 아닐 불, 뽑을 발

189 **結者解之**
맺을 결, 사람 자, 풀 해, 그것 지

190 **兼人之勇**
겸할 겸, 사람 인, 어조사 지, 날쌜 용

191 **輕擧妄動**
가벼울 경, 들 거, 헛될 망, 움직일 동

192 **傾國之色**
기울 경, 나라 국, 어조사 지, 빛 색

193 **孤軍奮鬪**
외로울 고, 군사 군, 떨칠 분, 싸울 투

194 **高臺廣室**
높을 고, 돈대 대, 넓을 광, 집 실

195 **姑息之計**
잠시 고, 숨쉴 식, 어조사 지, 꾀 계

196 **苦肉之策**
괴로울 고, 고기 육, 어조사 지, 꾀 책

197 **孤掌難鳴**
홀로 고, 손바닥 장, 어려울 난, 울 명

198 **曲學阿世**
굽을 곡, 배울 학, 아첨할 아, 세상 세

199 **過猶不及**
지날 과, 같을 유 , 아닐 불, 미칠 급

200 **巧言令色**
꾸밀 교, 말씀 언, 좋을 령, 빛 색

부록 2
초등 사자성어 짝짓기(3종)

사 자성어를 쉽게 외울 수 있도록 200개를 세 가지 유형으로 짝짓기 해놓았다: ❶ 첫말이 똑같은 것(68개), ❷ 끝말이 똑같은 것(62개), ❸ 끝말과 첫말이 서로 같아서 '끝말잇기'를 할 수 있는 것(50개). 각 유형의 특징을 쉽게 확인할 수 있도록 특정 글자를 빨간색으로 표기하였다. 〈사자성어 짝짓기〉는 대단히 창의적이고 효과적인 방안이다. 독자 여러분이 사자성어를 쉽게 이해하고 오래오래 기억하는 데 도움이 되길 바란다.

(1) 첫말 짝짓기 68개

13

13

(3) 끝말잇기 50개

1

부록 3
초등 사자성어 색인

079 안빈낙도 安貧樂道
080 안하무인 眼下無人
081 약육강식 弱肉強食
082 어동육서 魚東肉西
083 언어도단 言語道斷
084 여출일구 如出一口
085 연전연승 連戰連勝
086 온고지신 溫故知新
087 우왕좌왕 右往左往
088 우이독경 牛耳讀經
089 유비무환 有備無患
090 이열치열 以熱治熱
091 인과응보 因果應報
092 인사유명 人死留名
093 일거양득 一擧兩得
094 일맥상통 一脈相通
095 일석이조 一石二鳥

096 일언반구 一言半句
097 일의대수 一衣帶水
098 일취월장 日就月將
099 일파만파 一波萬波
100 자업자득 自業自得
101 자초지종 自初至終
102 자강불식 自強不息
103 조족지혈 鳥足之血
104 종두득두 種豆得豆
105 죽마고우 竹馬故友
106 중구난방 衆口難防
107 지성감천 至誠感天
108 진퇴양난 進退兩難
109 천인공노 天人共怒
110 촌철살인 寸鐵殺人
111 출장입상 出將入相
112 충언역이 忠言逆耳

113 탁상공론 卓上空論
114 풍전등화 風前燈火
115 호의호식 好衣好食

4급

116 각골통한 刻骨痛恨
117 감불생심 敢不生心
118 감언이설 甘言利說
119 거안사위 居安思危
120 경천근민 敬天勤民
121 경천동지 驚天動地
122 계란유골 鷄卵有骨
123 고립무원 孤立無援
124 고진감래 苦盡甘來
125 골육상잔 骨肉相殘
126 구절양장 九折羊腸
127 군신유의 君臣有義

128 근주자적 近朱者赤
129 금과옥조 金科玉條
130 기상천외 奇想天外
131 낙락장송 落落長松
132 난공불락 難攻不落
133 난신적자 亂臣賊子
134 대경실색 大驚失色
135 대동소이 大同小異
136 만시지탄 晩時之歎
137 명경지수 明鏡止水
138 목불식정 目不識丁
139 무위도식 無爲徒食
140 미사여구 美辭麗句
141 박람강기 博覽強記
142 백가쟁명 百家爭鳴
143 백절불굴 百折不屈
144 사필귀정 事必歸正

145 살신성인 殺身成仁
146 선공후사 先公後私
147 송구영신 送舊迎新
148 신언서판 身言書判
149 악전고투 惡戰苦鬪
150 약방감초 藥房甘草
151 언중유골 言中有骨
152 여필종부 女必從夫
153 연목구어 緣木求魚
154 오곡백과 五穀百果
155 옥골선풍 玉骨仙風
156 위기일발 危機一髮
157 유유상종 類類相從
158 이구동성 異口同聲
159 이란격석 以卵擊石
160 이용후생 利用厚生
161 이합집산 離合集散

162 일각천금 一刻千金
163 일벌백계 一罰百戒
164 일사불란 一絲不亂
165 일희일비 一喜一悲
166 자화자찬 自畵自讚
167 장삼이사 張三李四
168 적재적소 適材適所
169 주마간산 走馬看山
170 진충보국 盡忠報國
171 천려일득 千慮一得
172 천려일실 千慮一失
173 천생연분 天生緣分
174 천재일우 千載一遇
175 천차만별 千差萬別
176 천편일률 千篇一律
177 허장성세 虛張聲勢
178 회자정리 會者定離

179 흥진비래 興盡悲來
180 가인박명 佳人薄命

3급 II

181 각골명심 刻骨銘心
182 감지덕지 感之德之
183 갑남을녀 甲男乙女
184 개과천선 改過遷善
185 개세지재 蓋世之才
186 격세지감 隔世之感
187 견마지로 犬馬之勞
188 견인불발 堅忍不拔
189 결자해지 結者解之
190 겸인지용 兼人之勇
191 경거망동 輕擧妄動
192 경국지색 傾國之色
193 고군분투 孤軍奮鬪

194 고대광실 高臺廣室
195 고식지계 姑息之計
196 고육지책 苦肉之策
197 고장난명 孤掌難鳴
198 곡학아세 曲學阿世
199 과유불급 過猶不及
200 교언영색 巧言令色

신사임당 시 한 수

대관령을 넘으며

하얀 머리 어머님을 고향에 남겨두고,　　鶴髮慈親在臨瀛 학발자친재임영

혼자서 장안으로 떠나는 애달픈 마음.　　身向獨去長安情 신향독거장안정

머리를 돌려 이따금 북촌을 바라보니,　　回首北坪時一望 회수북평시일망

흰 구름 떠가는 저녁 산만 푸르구나!　　白雲飛下暮山靑 백운비하모산청

신사임당(1504~1551)이 서울 시댁으로 가며, 대관령을 넘다가,
친정 강릉 땅을 내려다보며, 이 시를 지었습니다. - 전광진

이율곡 자경문(自警文)

공부하는 일은 느긋해도 안 되고, 급하게 서둘러도 안 되는 것은,
죽을 때까지 해야 하는 것이기 때문이다.

用功不緩不急 용공불완불급
死而後已 사이후이

만약 그 효과를 빨리 얻고자 한다면,
이 또한 이득만 탐내는 탐심이다.

若求速其效 약구속기효
則此亦利心 즉차역이심

만약 죽는 날까지 꾸준하게 하지 아니하면,
부모님께 물려받은 육체를 상하게 하고 욕되게 하는 것이니,
이는 곧 사람의 자식이 아니니라!

若不如此 약불여차
戮辱遺體 육욕유체
便非人子 변비인자

신사임당의 아들 이율곡(1536-1584)이 자신을 스스로 닦달하기 위하여 지은
〈자경문(自警文)〉총 11장 가운데 마지막 장입니다. - 전광진

"암기에서 이해로!"
대한민국 교육혁명의 초석
전광진 교수의 4대 역작

|주|속뜻사전교육출판사
031-794-2096
www.LBHedu.com / lbhedu@lbhedu.com

우리말 한자어 속뜻사전
중고생·대학생 용
153x224mm, 2,336쪽

선생님 한자책
선생님·학부모·대학생 용
188x257mm, 1,408쪽

속뜻풀이 초등국어사전
초등생 용
130x188mm, 1,712쪽

속뜻사전 앱
중·고·대학생 용 앱
플레이스토어나 앱스토어에서 다운로드